Bettina Hansen

Mein großes buntes Puppenhaus

Südwest

Inhalt

Vorwort

Liebe Bastelfreunde,

Puppenstuben und Puppenhäuser haben eine lange Tradition. Schon zur Zeit unserer Urgroßmütter entdeckten die Kinder die Welt der Erwachsenen in Miniatur. Puppenstuben sind ein zeitloses Spielzeug. Sie regen die kindliche Phantasie an, eine eigene kleine Welt zu erschaffen. Ich bin immer wieder fasziniert davon, mit welchem Ideenreichtum Kinder – Mädchen wie auch Jungen – die einzelnen Zimmer mit Leben erfüllen.

Puppenstuben fördern nicht nur das gemeinsame Spiel in der Gruppe. Auch die Fähigkeit sich selbst zu beschäftigen, wird erlernt. Haben die Kinder erst einmal mit dem Spiel begonnen, verlieren sie sich völlig darin und alles andere wird unwichtig. Auf diese Weise können sie vom hektischen Alltag unseres technisierten Zeitalters abschalten und innere Harmonie finden.

Vielleicht haben auch Sie einmal von Ihren Eltern ein selbst gebautes Puppenhaus bekommen. Daher wissen Sie, ein solches Geschenk ist in jedem Fall eine sehr persönliche Aufmerksamkeit. Man muss schon etwas Zeit und Arbeit investieren, um seinen Kindern solch eine Freude zu machen. Besonders viel Vergnügen wird es Ihren Kindern aber bereiten, wenn Sie das Haus oder die Stube gemeinsam mit ihnen basteln. Oder wäre es nicht eine tolle Idee, wenn die ganze Familie ein Haus plant, baut und ausstattet. Die Kinder können ihre Geschicklichkeit unter Beweis stellen und den Gebrauch von einfachen Handwerkzeugen erlernen. Auch Sie haben einen schönen Ausgleich zum täglichen Trott und verbringen Zeit mit Ihren Lieben.

Als ich mit dem Entwurf des Puppenhauses anfing, dachte ich an jene Bastler, die vielleicht nicht so viel Zeit haben, gleich ein ganzes Haus zu bauen. So entstand die Idee, das Haus stufenweise aufzubauen. Ob ein- oder zweistöckig, mit oder ohne Dach, jede Etage hat einen eigenen Abschluss. Durch das einfache Stecksystem kann man das Puppenhaus jederzeit aufstocken.

Noch eine weitere Besonderheit bietet das Haus. Es hat eine Spielvorderseite und eine Spielrückseite. So können mehrere Kinder gleichzeitig spielen. Alle Möbel passen sowohl für die Vorderseite als auch für die Rückseite.

Sie können auf der Spielvorderseite des Puppenhauses die Zimmer wie hier einteilen: Links unten Wohnzimmer, rechts unten Küche, links oben Schlafzimmer, rechts oben Bad, Dachgeschoss Jugendzimmer.

Abwechslungsreiches Spiel ermöglichen auch die Treppenaufgänge. Sie werden Etage für Etage separat gebaut. Der Aufgang vom Erdgeschoss zur ersten Etage wird an das Haus gestellt – ob parallel oder im rechten Winkel dazu, ergibt sich im Spiel. Der Aufgang vom Erdgeschoss in die nächst höhere Etage wird dann einfach aufgesteckt bzw. eingehängt.

Haben Sie einmal mit dem Bau des Puppenhauses begonnen, werden Sie feststellen, wie viele Möglichkeiten Sie bei der Gestaltung der Außenfassade, der Räume und der gesamten Einrichtung haben. Sie bauen das Haus von der Bodenplatte bis zur Dachplatte komplett in Eigenregie. Alle hier verwendeten Materialien erhalten Sie in Baumärkten und Bastelläden. Übrigens: Das ganze Puppenhaus ist im Maßstab 1:12 geplant, so dass man es mit Puppen aus dem Spielwarengeschäft bespielen kann.

Die Möblierung des Puppenhauses ist sehr umfangreich. Insgesamt enthält dieses Buch Bauanleitungen für über 30 Möbelstücke! Die Abbildungen, Materiallisten und Grafiken erleichtern den Zusammenbau. Es bleibt Ihnen überlassen, ob Sie die Zimmer so einrichten wie hier beschrieben oder eine ganz andere Aufteilung wünschen. Bestimmte Möbel können auch mehrfach gebaut werden, um sie in unterschiedlichen Räumen unterzubringen. Die Bauart der Stücke ist so einfach, dass man die Form vieler Möbel ganz einfach verändern kann, und durch die Maßstäblichkeit des Hauses kann man auch schon vorhandene oder neu gekaufte Möbel aufstellen.

Um zu vermeiden, dass das eine oder andere Möbelstück allzu schnell in die Brüche geht, wird das gesamte Mobiliar aus 4 mm dickem Sperrholz gefertigt. Und sollte dennoch einmal ein Missgeschick passieren, ist so ein kleines Möbelstück ganz schnell und einfach repariert oder nachgebaut.

Bitte beachten Sie, dass kleine Kinder nicht mit Kleinteilen wie Geschirr, Vasen, Büchern oder Blumen spielen dürfen, da die Gefahr zu groß ist, dass sie etwas verschlucken. Mit dem Mobiliar, den Textilien und Bettwaren können jedoch bereits Kinder ab drei Jahren spielen.

Nun wünsche Ich Ihnen viel Erfolg beim Bau des Puppenhauses. Bestimmt erliegen auch Sie der Faszination, eine kleine Spielwelt so vollkommen wie nur möglich zu gestalten. Denken Sie daran, wenn das Puppenhaus auch etwas Arbeit macht: Für strahlende Kinderaugen lohnt sich diese Mühe ganz bestimmt.

Bettina Hansen

Auf der Spielrückseite sehen Sie folgende Einteilung: Links unten Esszimmer, rechts unten Garderobe, links oben Lesezimmer, rechts oben Arbeitszimmer, Dachgeschoss Gästezimmer.

Vor dem Hausbau

Für den Bau des Puppenhauses oder der Puppenstube benötigen Sie außer dem Baumaterial und ein paar Werkzeugen noch einige weitere Hilfsmittel. Im Folgenden werden Ihnen die wesentlichen Utensilien genannt. Überlegen Sie vor Baubeginn, wie Sie die einzelnen Räume farblich gestalten und welche Dekorationstechnik Sie anwenden möchten. Denn nach dem Zuschnitt fangen Sie bereits mit der Wand- und Bodenverkleidung an. Wenn man dann alle Materialien bereit hat, macht das Arbeiten gleich noch mal so viel Spaß.

Material

- **10 mm Sperrholz** (z. B. Pappelsperrholz) für die Zuschnittteile des Hauses. Lassen Sie das Holz gleich im Heimwerkermarkt zuschneiden. Sollten Sie nicht sofort mit dem Bau beginnen, lagern Sie die Teile liegend und sauber gestapelt. Würde man das Material stehend aufbewahren, könnte sich das Holz verziehen und somit den Zusammenbau erschweren.

Tipp

Wenn Sie Sperrholz günstig einkaufen wollen, sollten Sie in Baumärkten nach Zuschnittresten fragen. Vor allem kleine Teile können daraus gefertigt werden. Reste sind deutlich billiger als eine eigens zugeschnittene Platte.

- **4 mm Sperrholz** für die Möbel.
- **5 mm Sperrholz** für Fensterläden, Zwischenwände und Tischplatten.
- **Vierkantleisten** für die Kantenabschlüsse, das Dachgerüst, und die Fensterstöcke. Achten Sie beim Kauf auf gerade Leisten.
- **Modellbauleisten** für Sockelleisten, Schwellen, Türrahmen, Türverkleidungen und Möbelteile.
- **3 mm Rundholz** für Möbelgriffe und andere Kleinteile.
- **Schaschlikspieße** für Vorhangstangen und Möbelteile.
- **UHU coll Holzleim express** zum Verleimen aller Holzteile.
- **Malerband** zum Abkleben von Holzflächen, die nicht dekoriert werden.
- **Holzschrauben** mit Senkkopf, verzinkt, 3 × 20 mm.
- **Bastelfarben** auf Kaseinbasis für die Innendekoration.
- **Quarzsandfarbe** (Bastelladen) für die Außenfassade des Hauses.
- **Volltonfarbe** in Weiß und Umbra.
- **Grundierung** transparent auftrocknend, wasserlöslich.
- **Tapeten-Musterbuch** für die Bad- und Küchengestaltung bzw. für andere Gestaltungsvariationen. Lassen Sie sich rechtzeitig ein Musterbuch in einem Tapeten- oder Raumausstattungsgeschäft zurücklegen. Geschenkpapier ist für die Verkleidung von Böden und Wänden ungeeignet. Es verzieht sich stark und reißt bei der Verarbeitung leicht ein.
- **Nahtband** (Haushaltsband) in Weiß, 10 mm breit. Das Band ist im Supermarkt am Kurzwarenständer erhältlich und dient als Scharnier für Zimmer- und Möbeltüren.
- **Klettband** als Türverschluss.
- **Kleine Holzperlen** sowie **Holzschrauben** der Größe 2 × 12 mm, in Messing, für die Türgarnituren.
- **Holzkugeln** für die Knopfverzierungen an der Fassade.
- **Modelliermasse**, im Backofen härtbar, für die sanitären Einrichtungselemente, Geschirr und andere Kleinteile.
- **Bastelwellpappe** für die Dachziegel; stimmen Sie den Farbton auf die Fassadenfarbe ab.
- **Dekorationsmaterial** wie Blumen, Farnblätter, Blattwerkranken, Steckschwammreste und Moosgummiplatten.
- **Textilien** wie Stoff- und Spitzenreste.

Tipp

Eine transparente Grundierung mindert den Farbenverbrauch bei der Wand- und Bodengestaltung. Außerdem kann sie als Endanstrich zum Schutz der mit Bastelfarben bemalten oder mit Tapeten überklebten Flächen dienen.

▸ **Füllmaterial** für die Bettgarnitur; man kann beliebige Füllwatte verwenden. Für die Einlagen der Sitzauflagen eignen sich Filz oder Volumenvlies.

Werkzeuge und Hilfsmittel

▸ **Dekupiersäge** zum Ausschneiden von Fenstern und Türen sowie zum Zuschneiden von Kleinteilen. Elektrische Dekupiersägen sind zwar teuer, erleichtern die Arbeit aber ungemein. Durch den mitgelieferten Anschlag lassen sich die Teile sehr exakt zusägen. Aber auch andere handelsübliche Heimwerkersägen sind möglich.
▸ **Laubsäge** für feine Arbeiten.
▸ **Schraubzwingen** in verschiedenen Größen erleichtern das Zusammenpressen einzelner Holzteile.
▸ **Kleiner Handbohrer** oder Feinbohrschleifer mit 2 mm Feinbohrer zum Vorbohren der Schraubenlöcher und für andere Lochbohrungen.
▸ **Schraubendreher**
▸ **Anschlagwinkel** oder Geodreieck.
▸ **Gehrungssäge** oder Schneidlade mit Feinsäge.
▸ **Schleifpapier** mit 150-er Körnung und Feinschliffpapier.
▸ **Cutter, Schneidunterlage** und **Geodreieck** zum Zuschneiden von Tapeten und Bodenbelägen.
▸ **Bleistift**
▸ **Meterstab** und **Maßband**
▸ **Naturschwämmchen, Frischhaltefolie** und **Zeitungspapier** für die farbliche Wandgestaltung.
▸ **Pinsel**, z. B. Nr. 3 für feine Arbeiten.
▸ **Flachpinsel**, z. B. Nr. 18, um größere Flächen zu streichen.
▸ **Schaumstoffrolle** zum Überarbeiten von großen Flächen.
▸ **Wasserglas, Küchenkrepp** und **Unterlage** für alle möglichen Dekorationstechniken.
▸ **Joghurtbecher** zum Mischen der Farben.
▸ **Nadel** und **Faden**, eventuell Nähmaschine.
▸ **Schere**
▸ **Rundhölzer** zum Modellieren.

Tipps & Tricks

Die hier aufgeführten Tipps und Tricks sollen Ihnen die wesentlichen Arbeitstechniken erklären und Hilfestellung bei Problempunkten geben. Wenn Sie diese grundsätzlichen Vorgehensweisen berücksichtigen, werden Fehler von vornherein vermieden und die Arbeit erleichtert.

Vorzeichnen ①

Halten Sie beim Markieren der Zuschnitt- und Ausschnittmaße den Bleistift senkrecht. Mit Hilfe eines Anschlagwinkels oder Geodreiecks können Sie Linien im 90°-Winkel zu einer Bezugskante zeichnen. Wenn Sie kein solches Winkelmaß haben, markieren Sie das Zuschnittmaß entlang der Bezugskanten an mehreren Stellen und zeichnen Sie durch diese Punkte die Schnittlinien vor.

Zuschneiden ②

Sägen Sie beim Zuschneiden von Holzteilen und Ablängen von Leisten immer außerhalb der Bemaßung exakt entlang der Linie. Wenn Sie von einer Leiste mehrere Teile abschneiden müssen, sägen Sie sofort nach dem Markieren. Ansonsten müssen Sie die Sägeblattstärke berücksichtigen. Beim Ausschneiden von Fenstern und Türen sägen Sie innerhalb der Vorzeichnung exakt entlang der Linie.

Tipp

Spannen Sie die Sägeblätter immer mit der Zahnung nach unten in die Sägen ein.

Arbeiten mit der Laubsäge ③

Spannen Sie das Holzteil in eine Werkbank oder in einen Schraubstock ein. Man kann das Werkstück auch mit Schraubzwingen auf einem Tisch befestigen. Das Holz muss immer so eingespannt werden, dass es beim Sägen nicht nachgibt oder federt.

Tipp

Wenn Sie Leisten mit einer Gehrung kürzen müssen, darf nur die Kante ohne Schräge abgeschliffen werden. Überlange Leisten mit zwei Gehrungen sollte man stets neu zuschneiden.

Schleifen ④

Reißen Sie das Schleifpapier über einer Tischkante in handliche Stücke. Legen Sie das Papier für großflächiges Schleifen über einen Schleifklotz. Bei Rundungen benutzen Sie statt des Schleifklotzes ein Rundholz, bei geraden, rechtwinkeligen Ausschnitten eine Vierkantleiste. Schleifen Sie immer in Faserrichtung des Holzes. Müssen Sie einmal entgegen der Faser arbeiten, empfiehlt es sich im 45°-Winkel zu schleifen.

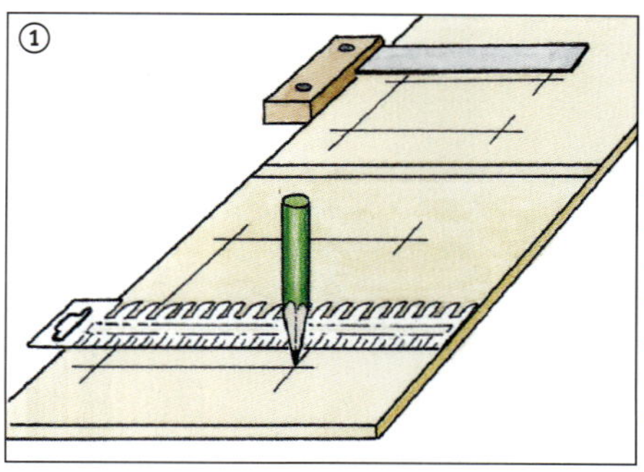

Kürzen von Zuschnitten ⑤

Was tun, wenn eine Leiste um Zehntelmillimeter zu lang ist? Legen Sie ein Stück grobes Schleifpapier auf den Arbeitstisch und schleifen Sie darauf die Überlänge weg. Halten Sie die Leiste senkrecht und verkanten Sie sie nicht.

Verleimen ⑥

Tragen Sie auf die zu verleimende Kante eine dünne, durchgehende Leimspur auf. Wenn möglich, pressen Sie die Holzteile mit Hilfe von Schraubzwingen zusammen. Schützen Sie dabei die Holzflächen vor Druckstellen: Am besten legen Sie passende Holzreste als Zulagen vor die Zwingenarme.

Tipp

Wenn Sie das Werkstück in einen Schraubstock einspannen, sollten Sie Abfallholz als Zulage vor die profilierten Spannbacken legen, um unschöne Druckstellen zu vermeiden.

Verleimen mit Winkelstützen ⑦

Beim Verleimen der Wände müssen Sie darauf achten, dass diese im rechten Winkel zum Boden stehen. Um dies zu erleichtern, fertigen Sie sich am besten zwei Winkelstützen: Lassen Sie sich zum Beispiel im Baumarkt je zwei 130 × 130 mm und 195 × 195 mm große Holzquadrate und je ein 250 × 130 mm und 250 × 195 mm großes Rechteck aus 10-mm-Sperrholz zuschneiden. Leimen Sie zunächst die Holzquadrate jeweils T-förmig aufeinander. Die Rechtecke werden dann gegen die Quadrate geleimt. Die Winkelstützen können beim späteren Verleimen mit Schraubzwingen auf Wand und Boden gespannt und die Teile so im 90°-Winkel gehalten werden.

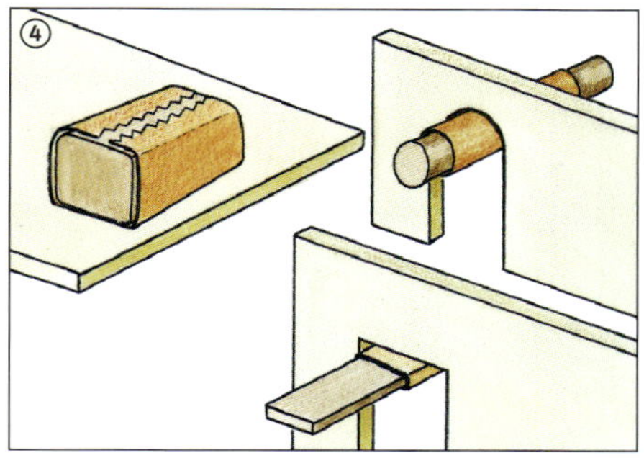

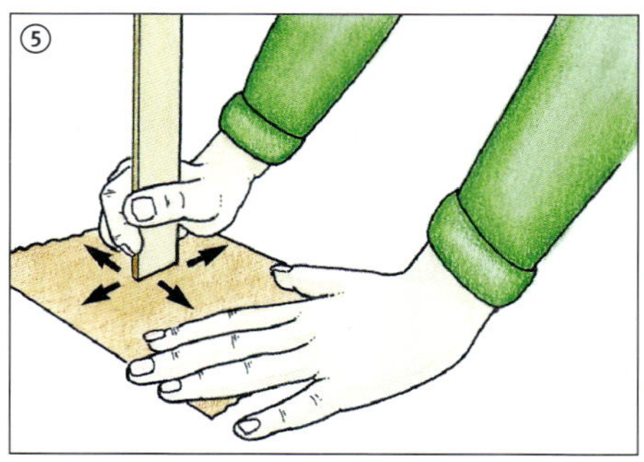

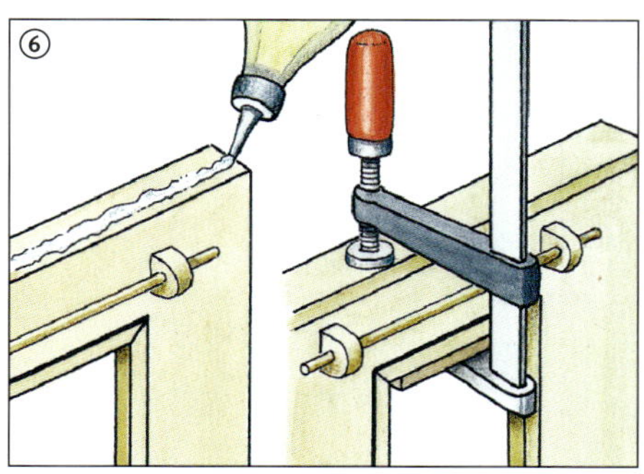

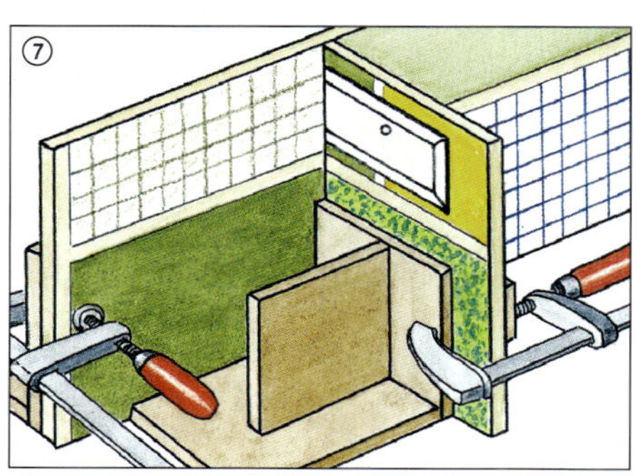

Gerade Techniken wie das Vorzeichnen und der Zuschnitt erfordern ein hohes Maß an Präzision. Bedenken Sie immer: Je sorgfältiger Sie diese Arbeiten ausführen, desto leichter wird Ihnen der Zusammenbau fallen. Kleine Ungenauigkeiten lassen sich aber oft noch ganz einfach beheben.

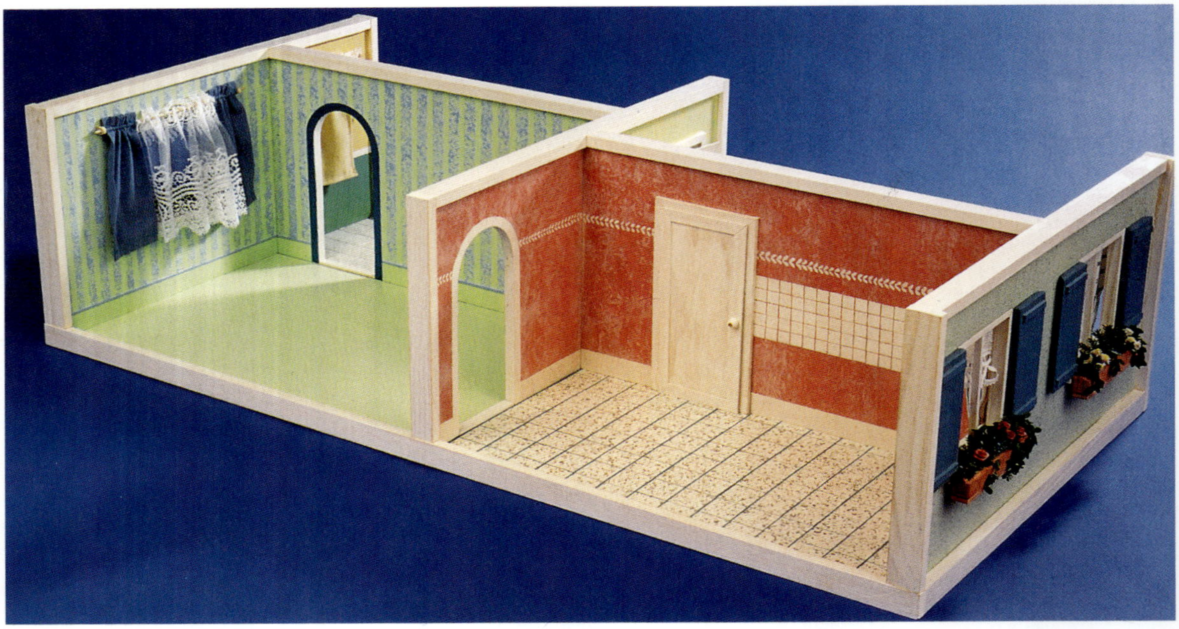

Eine Etage

Die Bauweise einer Etage ist denkbar einfach und ermöglicht es ohne größeren Zeitaufwand eine Puppenstube mit vier Zimmern zu bauen. Vom Zuschnitt über die farbliche Gestaltung bis zum Zusammenbau wird alles genau erklärt.

Materialliste für eine Etage

Bezeichnung	Anzahl	Länge in mm	Breite in mm
10 mm dickes Sperrholz			
Boden	1 Stück	800	400
Seitenwand	3 Stück	400	200
Rückwand	2 Stück	385	200
3 × 20 mm Holzschrauben mit Senkkopf			
Material für die Fenster			
5 × 20 mm Modellbauleiste			
Fenstersims	1 Stück	450	
inkl. Verschnitt			
5 × 10 mm Modellbauleiste			
Fensterstock	2 Stück	900	
inkl. Verschnitt			
5 × 5 mm Modellbauleiste			
Fenstersprosse	1 Stück	400	
inkl. Verschnitt			
Material für die Türen			
4 mm dickes Sperrholz			
Tür	2 Stück	157,5	69
2 × 7 mm Modellbauleiste			
Türrahmen	2 Stück	900	
inkl. Verschnitt			
3 × 10 mm Modellbauleiste			
Türblende	1 Stück	1000	
inkl. Verschnitt			
2 × 10 mm Modellbauleiste			
Türschwelle	1 Stück	350	
inkl. Verschnitt (wird erst nach dem Zusammenbau der Etage benötigt)			
Nahtband, weiße Farbe, kleine Holzperlen, Messingschrauben 2 x 12 mm			
Material für die Vorhangstangen			
4 mm dickes Sperrholz			
Reststücke für die Vorhangstangenhalterungen			
4 Schaschlikspieße			

Fortsetzung der Tabelle siehe S. 12

Die Bemaßung

Zur besseren Orientierung stellen Sie die 10 mm dicken Holzzuschnitte wie auf dem Bauplan angegeben auf die Bodenplatte. Versuchen Sie sich die Raumsituation genau vorzustellen.

Tipp

Die meisten Bau- und Heimwerkermärkte haben einen Zuschnittservice. Lassen Sie alle 10 mm dicken Sperrholzteile gleich vor Ort zuschneiden. Auch Schreiner bieten manchmal einen solchen Service an. Sie haben oft Plattenreste, die sie günstig abgeben.

Bemaßen Sie anhand des Plans zunächst die Wände. Zeichnen Sie Fenster und Türen auf und markieren Sie die 10 mm breiten Wandverläufe. Messen Sie exakt. Alle Linien müssen genau parallel bzw. im rechten Winkel zu den Zuschnittaußenkanten verlaufen. Die Türbogen können Sie mit Hilfe eines Pappbechers oder eines Glases aufzeichnen.
Nachdem Sie auch auf der Bodenplatte alle Wandverläufe aufgezeichnet haben, zeichnen Sie mittig zwischen den 10 mm auseinander liegenden Markierungslinien die Positionen der Bohrlöcher ein. Achten Sie beim Bohren darauf, dass der Bohrer genau im rechten Winkel zur Bodenplatte steht.

Tipp

Mit einem Versenker oder Ausreiber können Sie die Bohrlöcher ausreiben. Die Schraubenköpfe verschwinden dann ganz in der Bodenplatte, ohne dass man große Kraft beim Eindrehen der Schrauben aufwenden muss.

Fenster und Türen aussägen

Zum Aussägen der Fenster müssen Sie innerhalb der Markierung ein Loch bohren, durch das das Sägeblatt gesteckt wird. Wenn Sie mit einer Dekupiersäge arbeiten, legen Sie zuerst das Werkstück mit der Bohrung über die Sägeblattöffnung. Danach stecken Sie das ausgebaute Sägeblatt hindurch und spannen es wieder in die Säge ein.
Mit einem feinen Sägeblatt können Sie die Ecken direkt ausschneiden. Falls Sie nur ein mittelfeines oder grobes Sägeblatt zur Verfügung haben, schneiden Sie zuerst bis zur Ecke, setzen etwas zurück

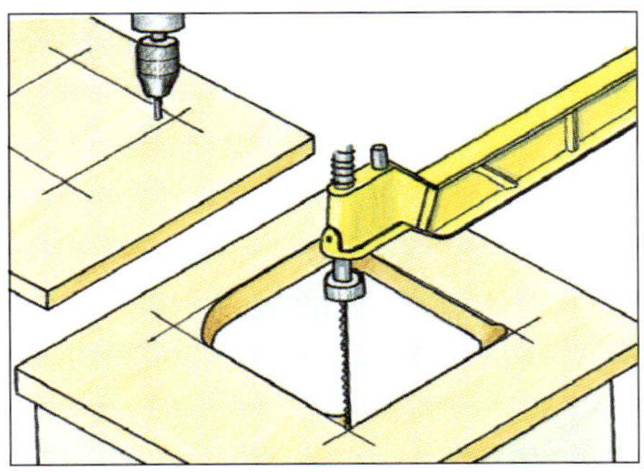

und schneiden dann einen Bogen. Sägen Sie danach bis zur nächsten Kante und verfahren Sie dort genauso. Entfernen Sie das Ausschnittteil und arbeiten Sie die Ecken mit der Säge nach.

Um einen Türausschnitt zu fertigen, müssen Sie zuerst entlang der Längskanten bis zur Markierung für den Türsturz sägen. Schneiden Sie dann wie bei den Fenstern die Ecken und den Sturz aus.
Nach dem Zuschnitt werden alle Schnittkanten mit Schleifpapier glatt geschliffen. Achten Sie darauf, dass Sie dabei die Kanten nicht abrunden.

Die Grundierung und farbliche Gestaltung

▸ Innenflächen

Vor der Wand- und Bodengestaltung müssen Sie alle Flächen grundieren. Wählen Sie eine farblose Grundierung. Achten Sie vor dem Aufbringen der Grundierung auf die Anweisung des Herstellers. Schütten Sie etwas Grundierung in einen gereinigten Joghurtbecher und verdünnen Sie sie nach Anweisung. Rühren Sie gut um. Tragen Sie die Lösung dann gleichmäßig auf. Die Grundierung verhindert, dass sich die Holzzuschnitte bei einem unregelmäßigen Farb- bzw. Dekorauftrag verziehen.

Wenn der transparente Auftrag trocken ist, schleifen Sie die Flächen mit feinkörnigem Schleifpapier leicht an. Legen Sie die Wandteile so vor sich, dass alle Wände eines Raumes in der richtigen Reihenfolge nebeneinander liegen.
Wenn Sie die Zimmerwände mit Farbe dekorieren, kleben Sie entlang der Wandmarkierungen Kreppband auf und decken Sie die angrenzenden Zimmerflächen mit etwas Zeitungspapier ab.

Wollen Sie die Wände mit Mustertapeten dekorieren, gilt Folgendes: Dekorieren Sie nur das Endmaß eines Raumes; lassen Sie die 10 mm breiten Holzflächen, auf die später die Wände aufgeleimt werden, frei. Das erleichtert den Zusammenbau der einzelnen Werkstücke und sorgt für eine sichere und feste Verbindung.
Auch bei der Gestaltung der Fußböden sollten Sie immer die 10 mm breiten Wandverlaufsflächen freilassen.

Bei einer zweiten oder weiteren Etagen müssen Sie die Unterseite des Bodens bemalen, da sie die Zimmerdecke der darunterliegenden Etage bildet. Am besten rollen oder streichen Sie in zwei Schichten weiße Volltonfarbe auf.
Mehr zu den verschiedenen Dekorationstechniken finden Sie im Kapitel »Die Wand- und Bodengestaltung mit Farbe«.

▸ Außenfassade

Wenn Sie mit der Innendekoration fertig sind, streichen oder tapezieren Sie die Außenfassade. Für eine strukturierte Wandfläche können Sie Quarzsandfarbe aufstreichen. Am schönsten trocknet ein sehr helles Grau auf. Belassen Sie den fast weißen Farbton oder tönen Sie die Farbe tröpfchenweise mit Türkisblau ab. Quarzsandfarbe kann man gut mit dem Flachpinsel aufstreichen. Noch gleichmäßiger und kräftiger wird der Anstrich, wenn Sie ihn zusätzlich mit einer kleinen Schaumstoffwalze überrollen. Ebenfalls eine raue Wandstruktur erhalten Sie, wenn Sie die Wände mit Raufasertapete überkleben, die Sie dann in einem Farbton Ihrer Wahl streichen können.

Tipp

Sehr wirklichkeitsgetreu wird die Wandstruktur, wenn Sie eine Farbe anmischen und zusätzlich Quarzsand und Leim unterrühren. Das Haus sieht dann aus wie frisch verputzt.

Die Fenster

Streichen Sie vor Beginn der Zuschnittarbeiten alle Vierkant- und Modellbauleisten mit verdünnter, weißer Farbe an. Der Auftrag sollte wie eine Lasur wirken. Beim Bau eines Fensters beginnen Sie mit dem Fenstersims. Messen Sie an der Unterkante eines Fensterausschnitts die Fensterbreite aus. Übertragen Sie dieses Maß plus 10 mm auf die 5 × 20 mm starke Modellbauleiste. Sägen Sie diese ab.

Das Fenstersims

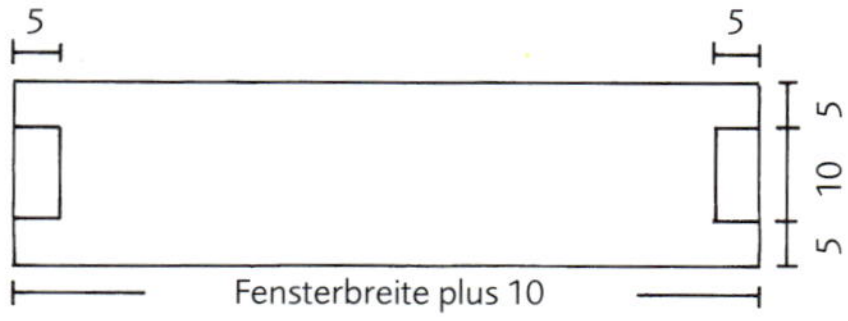

Alle Maßangaben in Millimeter

Fortsetzung der Tabelle von Seite 10

Bezeichnung	Anzahl	Länge in mm	Breite in mm
Material für den Kantenabschluss			
10 × 20 mm Vierkantleiste; Gesamtlänge inkl. Verschnitt 4,85 m			
Seitenkante Boden	2 Stück	400	
Vorder-/Rückkante Boden	2 Stück	820	
Seitenwandkante oben	3 Stück	400	
Rückwandkante oben	2 Stück	375	
Vorder-/Rückkante Mittelwand	2 Stück	200	
10 × 25 mm Vierkantleiste			
Eckabschluss	4 Stück	200	
Material für die Knopfverzierung			
20 × 20 mm Quadratholzleiste			
Puppenstube und Puppenhaus *inkl. Verschnitt*	1 Stück	300	
Holzkugeln 20 mm Durchmesser			
Puppenstube und Puppenhaus	6 Stück		
Material für die Fensterläden			
5 mm dickes Sperrholz			
Fensterladen	5 Stück	100	40
Fensterladen	2 Stück	100	60
2 × 3 mm Modellbauleiste; Gesamtlänge inkl. Verschnitt 65 cm			
Fensterladensprosse	10 Stück	38	
Fensterladensprosse	4 Stück	58	
Material für einen länglichen Blumenkasten			
4 mm dickes Sperrholz			
Endstücke	2 Stück	10	11
Seitenteil und Boden	3 Stück	11	30
Material für den quadratischen Pflanzkübel			
4 mm dickes Sperrholz			
Seitenteil	4 Stück	25	21
Boden	1 Stück	25	25
Material für eine Zwischenwand			
5 mm dickes Sperrholz			
Zwischenwand	1 Stück	190	100
Material für den Bodenabschluss			
2 × 3 mm Modellbauleiste			
Sockelleiste nach Belieben; pro Zimmer	1 Stück	900	

Messen Sie an jedem Ende 5 mm ab und zeichnen Sie die Wandstärke (10 mm) mittig bis zur Markierung hin auf.

Tipp

Für sehr kleine Zuschnitte wie die Wandausschnitte in den Fensterbänken empfiehlt es sich eine Laubsäge zu verwenden.

Schneiden Sie die Rechtecke für den Wandausschnitt aus. Prüfen Sie die Passform. Geben Sie etwas UHU coll auf die Unterkante des Fensterausschnitts und platzieren Sie darauf das Sims.

Für den Fensterstock müssen sie zunächst die Höhe und die Breite des Fensterausschnitts ermitteln. Diese Maße sind jeweils die Gehrungsaußenmaße. Nehmen Sie eine 5 × 10 mm große Leiste und übertragen Sie das erste Höhenmaß auf die Leiste. Das Schnittende, das auf dem Sims aufliegt, bleibt im rechten Winkel. Das andere Ende muss auf Gehrung

(45°-Winkel) geschnitten werden. Legen Sie die Leiste dazu hochkant in die Schneidlade. Setzen Sie die Feinsäge so an der Markierung an, dass Sie zur Markierung hin schneiden. Drücken Sie die Leiste während des Sägens fest an die Rückwand der Lade.

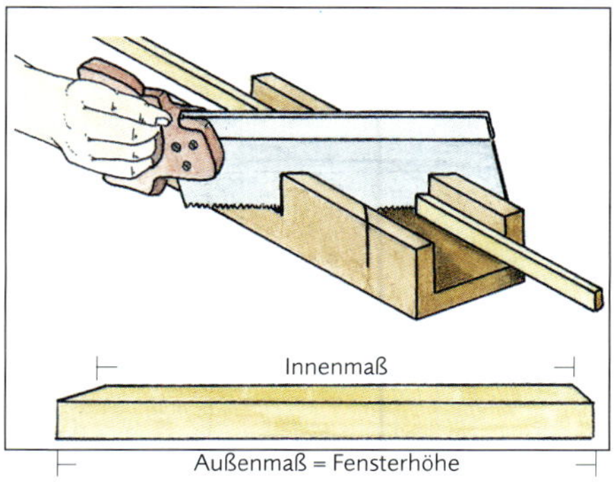

Übertragen Sie die Fensterbreite von der Gehrungsaußenkante aus auf die Leiste. Legen Sie die Leiste erneut in die Lade, so dass Sie von der Markierung aus einen gegengleichen Winkel schneiden. Zeichnen Sie das zweite Höhenmaß wiederum von der Gehrungsaußenkante aus auf der Leiste an und längen Sie die Leiste entlang der Markierung mit einem geraden (90°-) Schnitt ab. Setzen Sie den Fensterstock probeweise ein und überprüfen Sie die Passgenauigkeit. Arbeiten

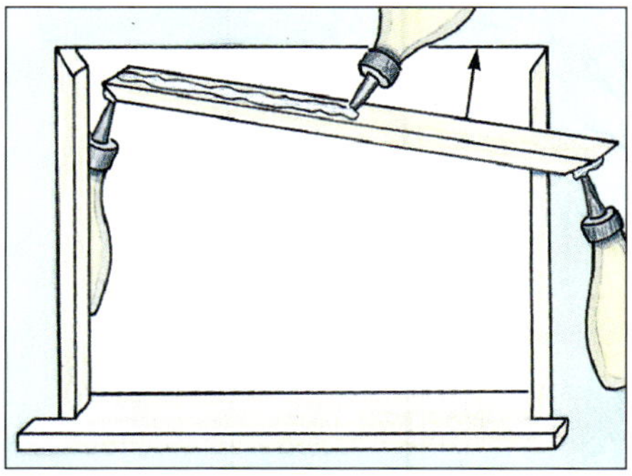

Sie die Zuschnitte eventuell mit Schleifpapier nach, bis sie einen perfekten Sitz haben. Geben Sie dann Leim auf die Leisten und setzen Sie sie endgültig ein. Messen Sie nun erneut die Fensterhöhe und längen Sie von der 5 × 5 mm starken Leiste die Fenstersprosse ab. Geben Sie dann etwas UHU coll Holzleim express auf die Schnittflächen und platzieren Sie die Leiste mittig in den Fensterstock.

Die Türen

Rahmen

Ermitteln Sie die genaue Höhe und Breite des Türdurchgangs. Das sind die Gehrungsinnenmaße. Nehmen Sie eine 2 × 7 mm starke Leiste und übertragen Sie das erste Höhenmaß. Das Ende, das auf den Boden trifft, bleibt gerade. Legen Sie die Leiste flach in die Lade und setzen Sie die Feinsäge so an die Markierung, dass Sie vom Längenmaß weg schneiden. Übertragen Sie vom Innenwinkel aus die Türbreite und schneiden Sie die Leiste in entgegengesetzter Richtung auf Gehrung. Übertragen Sie erneut das Höhenmaß ab dem Innenwinkel und längen Sie die Leiste mit einem geraden Schnitt ab. Überprüfen Sie die Passung des Rahmens und leimen Sie ihn auf. Verfahren Sie auf der Wandrückseite genauso.

Türblätter

Überprüfen Sie zunächst die Passform der Türblätter. Die Tür sollte in der Höhe 2,5 mm und in der Breite 1 mm Luft haben. Messen Sie auf der Türvorderseite rundum 8 mm zur Mitte hin ab und zeichnen Sie ein Rechteck auf. Messen Sie auf der Tür Höhe und Breite des aufgezeichneten Rechtecks exakt aus, um die Gehrungsinnenmaße zu erhalten. Für die Türblenden nehmen Sie nun die 3 × 10 mm starke Leiste und sägen ein Ende auf Gehrung. Übertragen Sie dann das erste Blendenmaß ab der Gehrungsinnenkante auf die Leiste. Legen Sie die Leiste flach in die Lade. Setzen Sie die Feinsäge so an die Markierung, dass Sie vom Längenmaß weg eine Gehrung, gegengleich zum anderen Schnittende, erhalten. Auf diese Weise schneiden Sie auch die anderen drei Blendenteile zu. Leimen Sie dann die Blendleisten auf. Streichen Sie die Tür und den Türstock mit verdünnter weißer Farbe.

Für die Türgarnitur kleben Sie eine weiße Holzperle mit etwas Leim mittig auf die rechte Türblende. Befestigen Sie die Perle zusätzlich mit einer Messingschraube (2 × 12 mm). Verfahren Sie genauso auf der Türrückseite.
Schneiden Sie vom 10 mm breiten Nahtband einen Streifen in Länge der Türhöhe ab. Tragen Sie auf die linke Kante des Türausschnitts eine dünne Leimspur auf und kleben Sie das Band ca. 3 mm breit auf. Bringen Sie dann entlang der Türrahmenkante Leim auf und kleben das Band wiederum 3 mm breit auf. Schlagen Sie das noch überstehende Band in Richtung der Türöffnung zurück und lassen Sie das Ganze trocknen. Beleimen Sie anschließend die umgeschlagene Bandkante. Verstreichen Sie den Leimauftrag mit dem Finger. Der Leim darf nicht zur inneren Falzfläche durchdringen.
Platzieren Sie die Tür so in der Türöffnung, dass das Türblatt an der Oberkante anstößt. Drücken Sie die Tür fest auf das Band. Erst wenn der Holzleim trocken ist, können Sie die Tür öffnen.

Die Vorhangstangen

Für die Halterungen der Vorhangstangen schneiden Sie von einem 4 mm dicken Sperrholzrest eine 6 mm breite, beliebig lange Leiste ab. Zeichnen Sie der Länge nach die Mittellinie ein und markieren Sie darauf die Bohrlöcher in Abständen von 10 mm. Zum Bohren der Löcher legen Sie die Leiste auf ein stärkeres Stück Abfallholz. Fixieren Sie beides mit Schraubzwingen auf dem Werktisch. Wählen Sie einen Bohrer, der etwa so dick wie ein Schaschlikspieß ist, und achten Sie beim Bohren darauf, dass der Bohrer im rechten Winkel zur Leiste steht. Markieren Sie nach dem Bohren mittig zwischen den Löchern die Zuschnittlänge. Bevor Sie die einzelnen Halterungsstücke ablängen, runden Sie jeweils die Ecken vor dem Loch mit Schleifpapier ab.

Schneiden Sie die Schaschlikspieße auf Endmaß: einmal 176 mm, zweimal 136 mm und einmal 96 mm. Stecken Sie die Stangen in die Halterungen hinein. Sie sollten sich leicht hineinschieben lassen. Leimen Sie die Halterungen 5 mm oberhalb und 15 mm seitlich des Fensterstocks auf die Wände. Bei tapezierten Wänden ist es ratsam, an den Klebestellen das Papier zu entfernen.

Tipp

Beim Ablängen mit einer Dekupiersäge müssen Sie am kurzen Ende des Werkstücks mit einer Behelfsleiste gegenhalten.

Der Zusammenbau

Drehen Sie die 3 × 20 mm Holzschrauben von der Bodenunterseite in die Löcher hinein. Die Schraubenspitzen dürfen nicht herausragen. Tragen Sie entlang der Bodenkante der durchlaufenden Mittelwand UHU coll auf und setzen Sie sie exakt entlang den Markierungslinien auf. Die Wand muss im 90°-Winkel zum Boden stehen. Drehen Sie zuerst die äußeren Schrauben, dann die mittlere Schraube und zuletzt die restlichen Schrauben in die Wand hinein.

Verleimen Sie auf diese Weise auch die beiden Rückwände. Beleimen Sie auch die Kanten, die auf die angrenzenden Wände treffen. Befestigen Sie zuletzt die beiden Seitenwände.

Tipp

Sie können die Räume noch mit Sockelleisten versehen. Das sieht besonders hübsch bei Zimmern mit Samtboden aus. Schneiden Sie zuerst die Leisten für die Seitenwände und passen Sie die Leiste für die Rückwand dazwischen.

Messen Sie für die Türschwellen die Breite der einzelnen Türdurchgänge und übertragen Sie jeweils das Maß auf die 2 × 10 mm starke Leiste. Schneiden Sie die einzelnen Türschwellen zu und leimen Sie diese an den entsprechenden Stellen auf. Achten Sie darauf, dass sich die Türen gut schließen lassen.

Der Kantenabschluss

Lasieren Sie alle Vierkantleisten vor der Montage mit weißer Farbe. Beginnen Sie das Aufleimen der 10 × 20 mm starken Abschlussleisten am Boden. Leimen Sie zuerst die 400 mm langen Leisten hochkant auf die Seitenkanten. Befestigen Sie dann an Vorder- und Rückkante die 820 mm langen Leisten.

Beim oberen Abschluss müssen Sie zunächst eine der Seitenwandkanten mittig auf die Mittelwand leimen. Bringen Sie danach die beiden Leisten für den oberen Abschluss der Rückwände an. Leimen Sie sie mittig auf die Oberkanten der Rückwände. Zuletzt werden die oberen Kantenabschlüsse für die beiden Seitenwände befestigt. Sie sollten ebenfalls mittig sitzen.

Die seitlichen Leisten werden wie folgt angebracht: Leimen Sie zunächst die verbleibenden 10 × 20 mm starken Leisten ausgemittelt auf die vertikalen Kanten der Mittelwand. Die vier 10 × 25 mm starken Eckleisten werden mittig auf die noch freien Kanten der Seitenwände geleimt. Sie sollten links und rechts etwa 2,5 mm über die Abschlussleisten der oberen Kanten stehen.

Die Knopfverzierung

Die hübschen Knopfverzierungen an den Ecken des Hauses lassen das ganze Puppenhaus verspielt und freundlich wirken. Bei einer Puppenstube können Sie an allen Wandecken eine Knopfverzierung anbringen. Bei einem Puppenhaus mit Treppen werden die Knöpfe im Erdgeschoss nur an den Außenecken angeleimt. Die Etage unter dem Dachgeschoss erhält nur an der Mittelwand eine Knopfverzierung. Schneiden Sie für jede Ecke ein 45 mm langes Stück von der 20 × 20 mm Quadratholzleiste ab. Sägen

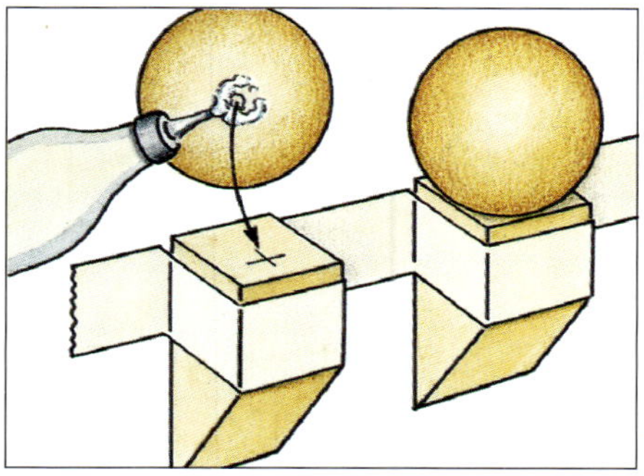

Sie jeweils ein Ende auf Gehrung. Befestigen Sie die Stücke mit dem geraden Ende nach oben und der kurzen Seite nach vorne mit Malerband an einer glatten Fläche (z. B. Türstock); das Band muss sich später leicht wieder ablösen lassen. Tragen Sie auf die Holzkugeln einen Tropfen Leim auf und setzen Sie sie auf die Leistenabschnitte.

Tipp

Haben die Holzkugeln eine Bohrung, können Sie diese mit weißem Wachskitt oder einer Modelliermasse schließen.

Streichen Sie die Knopfverzierungen in der Farbe der Abschlussleisten und befestigen Sie sie an den entsprechenden Ecken mit etwas Leim.

Die Fensterläden

Schneiden Sie die Fensterläden entsprechend den Angaben zu. Verzieren Sie die Läden mit den 2 × 3 mm starken Quersprossen und malen Sie die Fensterläden in einer Farbe an, die zur Außenfassade passt. Leimen Sie dann die Fensterläden seitlich der Fenster auf.

Die Blumenkästen

▸ Länglicher Blumenkasten

Wenn Sie das Puppenhaus mit blumengeschmückten Kästen verzieren, verleihen Sie ihm eine fröhliche, persönliche Note. Die passenden Blumenkästen sind schnell gebaut. Das Längenmaß können Sie beliebig verändern.

Runden Sie die Endstücke an einem Ende ab. Leimen Sie sie dann mit der geraden Kante auf den Boden. Tragen Sie entlang der seitlichen Kanten Leim auf und drücken Sie die Längsseiten auf.

▸ Quadratischer Pflanzkübel

Leimen Sie ein Seitenteil an einer Ecke bündig auf den Boden. Das nächste Seitenteil leimen Sie im rechten Winkel stumpf dagegen. Befestigen Sie dann die verbleibenden zwei Seiten.

▸ Blumen für die Balkonkästen

Kleine Blumen und Blattranken erhält man im Bastelgeschäft. Für die gesamte Bepflanzung der Balkonkästen werden ungefähr zwei Meter Blattranke und sechs Bund Blumen benötigt.

Um die Pflanzen in den Kästen zu befestigen, schneiden Sie von einem Steckschwamm passende Stücke ab und drücken diese in den Pflanzbehälter. Stechen Sie dann mit einem Zahnstocher Löcher in den Schwamm. Sie sollten sehr dicht beieinander liegen. Träufeln Sie etwas UHU coll express Leim auf die Löcher und stecken Sie die Blumen hinein.

Eine Zwischenwand

Wenn Sie beispielsweise im Bad des Puppenhauses eine Trennwand einziehen möchten, schneiden Sie diese entsprechend der Vorlage auf Seite 61 aus 5 mm dickem Sperrholz zu. Bevor Sie die Wand einbauen können, müssen Sie sie entsprechend der Badgestaltung dekorieren. Wenn Sie mit Mustertapeten arbeiten, schneiden Sie einen ausreichend langen, 15 mm breiten Streifen von der Tapete ab und kleben ihn ausgemittelt über die Kanten der Wand. Schneiden Sie danach an den Ecken bis zur Holzkante hin ein und streifen Sie das überstehende Papier auf die Wandflächen. Übertragen Sie die Wandkontur gegengleich zweimal auf die Mustertapete, schneiden Sie die Formen aus und überkleben Sie damit die Wandflächen.

Danach tragen Sie entlang der Rück- und Bodenkante ausreichend viel Holzleim auf und setzen Sie die Wand ein.

Dach-geschoss

Das Dachgeschoss bildet den oberen Abschluss des Puppenhauses. Es besteht aus zwei Räumen, die viel Platz für die Ausstattung bieten. Die Dachteile sind abnehmbar und ermöglichen es so, die Dachzimmer rundum zu bespielen.

Materialliste für das Dachgeschoss

Bezeichnung	Anzahl	Länge in mm	Breite in mm
Material für die Giebelwand und den Boden			
10 mm dickes Sperrholz			
Boden	1 Stück	800	400
Giebelwand	1 Stück	400	400
wird diagonal geteilt und zur Giebelwand zusammengeleimt			
3 × 20 mm Holzschrauben mit Senkkopf			
Material für die Tür			
4 mm dickes Sperrholz			
Tür	1 Stück	157,5	69
2 × 7 mm Modellbauleiste			
Türrahmen inkl. Verschnitt	1 Stück	900	
3 × 10 mm Modellbauleiste			
Türblende inkl. Verschnitt	1 Stück	500	
2 × 10 mm Modellbauleiste			
Türschwelle	1 Stück	ca. 70	
wird erst nach dem Zusammenbau der Etage benötigt			
Nahtband, weiße Farbe, kleine Holzperlen, Messingschrauben 2 × 12 mm			
Material für den Kantenabschluss			
10 × 20 mm Vierkantleisten; Gesamtlänge inklusive Verschnitt: 2,46 m			
Seitenkanten Boden	2 Stück	400	
Vorder-/Rückkante Boden	2 Stück	820	
Material für das Dachgerüst			
20 × 20 mm Quadratholzleisten; Gesamtlänge inklusive Verschnitt: 5,7 m			
Balken kurz	4 Stück	570	
Balken lang	4 Stück	590	
Querbalken	6 Stück	165	
10 mm dickes Sperrholz			
Behelfsklötzchen	8 Stück	10	12

Fortsetzung der Tabelle siehe S. 18

Die Wand und der Boden

Legen Sie das 400 × 400 mm große Quadrat aus 10 mm Sperrholz vor sich und markieren Sie die Diagonale mit einer geraden Linie. Teilen Sie die Platte entlang der Diagonalen in zwei gleich große Dreiecke. Sägen Sie genau auf der Markierung, damit die beiden Hälften genau gleich groß werden. Schleifen Sie dann die Schnittkanten glatt, ohne sie zu runden. Setzen Sie nun die beiden zugeschnittenen Dreiecke so zusammen, dass sich eine Basislänge von 800 mm ergibt. Orientieren Sie sich im Bauplan und übertragen Sie die Zuschnittmaße für die Tür. Schneiden Sie sie aus. Verleimen Sie danach die beiden Wandhälften miteinander: Am besten legen Sie eine Hälfte auf eine flache Unterlage und fixieren sie mit einer Schraubzwinge. Tragen Sie auf die Kante der anderen Wandhälfte Leim

auf und setzen Sie sie an die erste Hälfte an. Befestigen Sie auch dieses Teil mit einer Schraubzwinge.
Während der Holzleim anzieht, können Sie die Bemaßung des Bodens vornehmen. Ziehen Sie die Linien wie im Bauplan angegeben und übertragen Sie die Position der Bohrlöcher. Achten Sie beim Bohren darauf, dass der Bohrer im rechten Winkel zur Bodenplatte steht.

Die Grundierung und Farbgestaltung

Grundieren Sie nach dem Bohren der Löcher alle 10 mm dicken Sperrholzzuschnitte. Dekorieren Sie dann den Boden und die Giebelwand. Orientieren Sie sich dazu im Kapitel »Die Wand- und Bodengestaltung mit Farbe« ab Seite 22.

Die Tür

Auch im Dachgeschoss befindet sich eine Tür, die die Räume miteinander verbindet und den Kindern so ein realistisches Spiel ermöglicht.

▸ Rahmen

Zunächst müssen Sie die genaue Höhe und Breite des Türdurchgangs ermitteln. Diese Maße sind die Gehrungsinnenmaße. Nehmen Sie die 2 × 7 mm starke Modellbauleiste und übertragen Sie das erste Höhenmaß. Ein Ende bleibt gerade. Legen Sie die Leiste mit der breiten Seite nach unten in die Lade und setzen Sie die Feinsäge so an, dass Sie von der Markierung weg schneiden. Übertragen Sie die Breite des Türausschnitts vom Innenwinkel aus auf die Leiste und schneiden Sie sie in entgegengesetzter Richtung auf Gehrung. Übertragen Sie erneut das Höhenmaß ab dem Innenwinkel und längen Sie die Leiste mit einem geraden (90°-) Schnitt ab. Überprüfen Sie, ob der Rahmen passt und leimen Sie ihn auf. Verfahren Sie auf der anderen Seite der Wand genauso.

▸ Türblatt

Setzen Sie den Zuschnitt für das Türblatt probeweise in den Türausschnitt ein und überprüfen Sie die Passform. Die Tür sollte in der Höhe 2,5 mm und nach links und rechts insgesamt 1 mm Luft haben. Markieren Sie auf der Vorderseite der Tür rundum einen Abstand von 8 mm. Ziehen Sie durch die Markierungen Linien, so dass ein zentriertes Rechteck auf dem Türblatt zu sehen ist. Messen Sie Höhe und Breite des Rechtecks exakt aus. Die ermittelten Maße bezeichnen die Gehrungsinnenmaße. Die Tür wird nun mit Türblenden versehen. Nehmen Sie dafür die 3 × 10 mm starke Modellbauleiste und sägen Sie ein Ende auf Gehrung. Übertragen Sie dann das erste Gehrungsinnenmaß ab der Innenkante der angeschnittenen Gehrung auf die Leiste. Legen Sie das Holz flach in die Lade. Setzen Sie die Feinsäge so an die Markierung, dass sie entgegengesetzt zum anderen Schnittende steht und sägen Sie die Leiste ab. Schneiden Sie genauso die restlichen Blendteile zu. Leimen Sie die Blenden auf die Tür und streichen Sie danach den Rahmen und das Blatt mit verdünnter weißer Farbe.

Tipp

Sie können die Tür auch mit Kassetten versehen. Leimen Sie dafür einfach entsprechend lange Stücke der 3 × 10 mm starken Modellbauleiste zwischen die Blenden. Wie Sie die Tür unterteilen, bleibt Ihnen überlassen.

Leimen Sie als Türgarnitur eine Holzperle mittig auf die rechte Türblende. Befestigen Sie die Perle zusätzlich mit einer Messingschraube (2 × 12 mm). Bringen Sie auch auf der Türrückseite eine solche Türgarnitur an.

Schneiden Sie als Scharnier vom 10 mm breiten Nahtband einen Streifen in der Länge der Tür ab. Bringen Sie auf die linke Kante des Türausschnitts eine dünne Leimspur auf und kleben Sie das Band ca. 3 mm breit auf. Tragen Sie dann entlang der Türrahmenkante Leim auf und kleben das Band wiederum 3 mm

Tipp

Statt der Perle und der Schraube können Sie als Türgarnitur auch einen 3 mm langen Abschnitt eines 5 mm starken Rundholzes verwenden, den Sie einfach auf die Tür kleben. Wenn Sie statt eines Knopfes eine Klinke aufbringen wollen, schneiden Sie einfach 10 mm lange Abschnitte von einer 3 × 3 mm starken Modellbauleiste und runden Sie die vorderen Kanten ab. Kleben Sie die Klinken dann auf die Tür.

breit auf. Schlagen Sie das noch überstehende Band in Richtung der Türöffnung zurück und lassen Sie das Ganze trocknen. Beleimen Sie anschließend die umgeschlagene Bandkante und verstreichen Sie den Leim mit dem Finger. Der Leim darf das Gewebe nicht durchdringen. Legen Sie die Tür so in die Türöffnung, dass das Türblatt an der Oberkante anstößt. Drücken Sie die Tür fest auf das Band. Sobald der UHU coll express getrocknet ist, können Sie die Tür öffnen.

Der Zusammenbau

Drehen Sie die 3 × 20 mm großen Holzschrauben von der Bodenunterseite aus in die Löcher. Die Spitzen dürfen nicht herausschauen. Geben Sie Leim auf die Unterkante der Giebelwand und stellen Sie diese entlang der Markierungslinien auf den Boden. Damit die Wand im 90°-Winkel steht, verwenden Sie am besten Winkelstützen. Drehen Sie zuerst die beiden äußeren Schrauben, dann zwei Schrauben in der Mitte, und zuletzt die übrigen Schrauben in die Giebelwand hinein. Setzen Sie die Türschwelle.

Der Kantenabschluss

Streichen Sie vor Beginn der Zuschnittarbeiten alle Vierkant- und Modellbauleisten im Farbton der Etagenleisten mit verdünnter, weißer Farbe an. Leimen Sie zuerst die kurzen, 10 × 20 mm starken Leisten hochkant an die seitlichen Bodenkanten. Befestigen Sie danach die langen Leisten an Vorder- und Rückkante und lasieren Sie die Anschnitte.

Das Dachgerüst

Streichen Sie die Leisten im Farbton der Kantenabschlüsse. Leimen Sie dann jeweils eine lange Quadratholzleiste an das stumpf angeschnittene Ende einer kurzen Leiste. Achten Sie darauf, dass die Leisten exakt im 90°-Winkel zueinander liegen. Am besten legen Sie sie an einer Winkelstütze an.

Fortsetzung der Tabelle von Seite 16

Bezeichnung	Anzahl	Länge in mm	Breite in mm
Material für das Dach			
10 mm dickes Sperrholz			
Dachhälfte	1 Stück	650	500
Dachhälfte	1 Stück	660	500
20 × 20 mm Quadratholzleisten			
Dachplattenbalken	4 Stück	163	
5 × 38 mm Vierkantleisten; Gesamtlänge inklusive Verschnitt: 2,80 m			
Dachkante	4 Stück	700	
Bastelwellpappe z. B. in Blau *(es bleibt ein Reststück übrig)*	3 Bogen	700	500
Material für den Unterboden			
5 × 5 mm Quadratholzleisten; Gesamtlänge inklusive Verschnitt: 1,20 m			
Balken am Unterboden	6 Stück	253	

Während der Leim anzieht, schneiden Sie von einem Zuschnittrest des 10 mm starken Sperrholzes acht 10 × 12 mm große Behelfsklötzchen zu. Platzieren Sie diese in allen Ecken des Giebelbodens. Leimen Sie die Stücke so auf, dass sie mit dem Boden, der Wand und/oder den Abschlussleisten verbunden sind.

Tipp

Schraubzwingen zum Verleimen von Bilderrahmen sind beim Zusammenfügen der Dachbalken sehr hilfreich. Spannen Sie die Leisten einfach darin ein.

Um die Dachbalken aufleimen zu können, müssen Sie die Enden der verleimten Quadratholzleisten auf Gehrung schneiden. Das Außenendmaß muss ab der äußeren Winkelspitze jeweils 580 mm betragen (siehe Grafik).

Das Gehrungsaußenmaß der Dachbalken und die Position der Querleisten

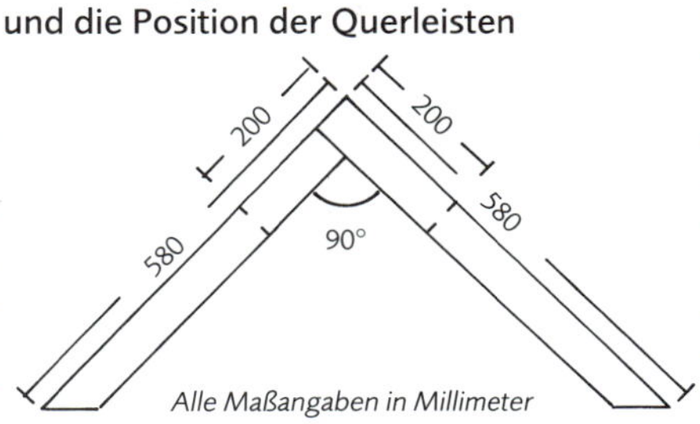

Überprüfen Sie die Passung der Dachbalken, indem Sie zwei davon auf die Vorder- und Rückseite der Giebelwand platzieren, die beiden anderen auf die vordere und rückwärtige Abschlussleiste setzen. Die Gehrungsaußenkanten müssen mit den Außenkanten der Abschlussleisten bündig sein. Markieren Sie die zueinanderliegenden Seiten der Balken. Heben Sie die Dachbalken ab und messen Sie auf den Innenseiten der Schenkel ab der Firstspitze jeweils 200 mm ab. Tragen Sie dann auf einer Seite der Giebelwand entlang der Kanten eine dünne Leimspur auf. Beleimen Sie die Gehrungsflächen des vorher an dieser Stelle probeweise platzierten Dachbalkens und befestigen Sie den Balken auf der Giebelwand und den Behelfsklötzchen. Verfahren Sie auf der anderen Giebelwandseite

genauso. Wenn nötig, pressen Sie die Leisten mit Hilfe von Schraubzwingen auf die Wand. Befestigen Sie dann die übrigen Dachbalken auf den Abschlussleisten und Behelfsklötzchen an den Ecken des Dachgeschossbodens. Geben Sie Leim auf die Schnittflächen von zwei der 165 mm langen Querbalken und setzen Sie diese zwischen die Firstspitzen. Leimen Sie die restlichen vier 165 mm langen Quadratholzleisten so zwischen die Balken, dass ihre Oberkanten exakt auf die 200-mm-Markierungen treffen. Pressen Sie die Leisten gegeneinander. Achten Sie darauf, dass sich dabei die Querleisten nicht verschieben.

Tipp

Auch die Dachräume können mit Sockelleisten versehen werden. Man benötigt pro Raum 1,90 m 2 × 3 mm starke Modellbauleiste.

Das Dach

Bestimmen Sie jeweils die Unter- und Oberseite der beiden Dachhälften und übertragen Sie die auf der Zeichnung angegebenen Maße. Beachten Sie dabei, dass die Platten in der Länge um 10 mm variieren. Leimen Sie die 163 mm langen Quadratholzleisten gemäß der Grafik auf die Dachhälften. Streichen Sie die Dachunterseiten im Farbton der Dachbalken.

Schneiden Sie von der Wellpappe in Richtung der Rillen 25 mm breite Streifen ab. Von diesen längen Sie dann 35 mm lange Schindeln ab. Legen Sie eine Dachplatte mit der Oberseite nach oben vor sich und kleben Sie die erste Schindelreihe entlang der Dachunterkante auf. Lassen Sie die Schindeln der zweiten Reihe die der ersten Reihe um ca. 2 mm überlappen. Kleben Sie die übrigen Reihen ebenso auf.
Verarbeiten Sie die Dachziegel bis auf etwa vierzehn Zentimeter zur Oberkante. Legen Sie ein paar Schindeln probeweise bis oben auf. Zeichnen Sie sich an, wie Sie die Schindeln auflegen müssen, damit Sie an der Oberkante bündig abschließen. Kleben Sie die restlichen Schindeln entsprechend auf. Verfahren Sie bei der zweiten Dachhälfte genauso.

Die Position der Quadratholzleisten

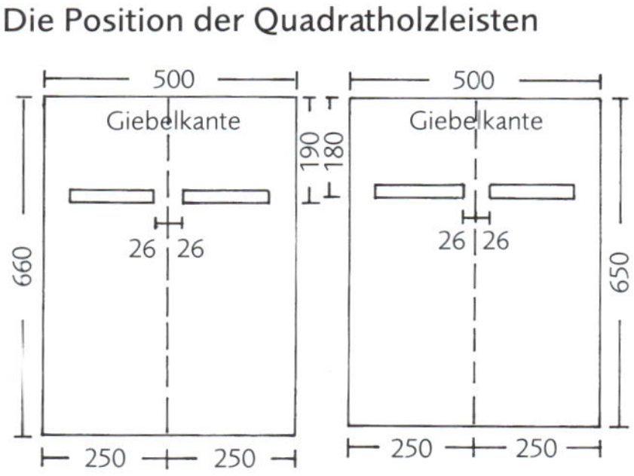

Alle Maßangaben in Millimeter

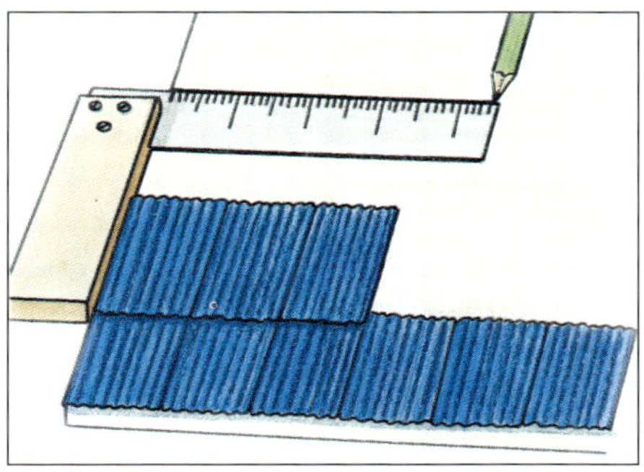

Mischen Sie dann einen kräftigen Farbton, der zur Fassade des Hauses passt. Tönen Sie die Farbe mit Umbra ab. Geben Sie ein Drittel Leim hinzu und rühren Sie das Ganze gründlich um. Übermalen Sie die Dachschindeln sorgfältig.

Tipp

Um die Dachschindeln gleichmäßig aufkleben zu können, sollten Sie sich immer wieder Hilfslinien auf der Platte ziehen.

Stecken Sie zuerst die 650 mm lange Dachplatte, dann die 660 mm lange Platte auf das Dachgerüst. Die Zuschnitte für die Dachkanten malen Sie von beiden Seiten im Farbton der Quadratholzleisten an. Schneiden Sie die 5 × 38 mm starken Leisten an einem Ende auf Gehrung. Messen Sie bei allen Leisten von der Gehrungsaußenkante aus 660 mm ab und längen Sie sie an dieser Stelle im

rechten Winkel ab. Runden Sie am geraden Schnittende die Ecken. Tragen Sie dann Leim auf die Seitenkante einer Dachplatte auf und setzen Sie eine Leiste entsprechend an. Lassen Sie die Oberkante der Leiste 1 mm über die Dachfläche stehen. Achten Sie darauf, dass die Gehrung der Abschlussleiste exakt in der Dachmitte verläuft und das Holz an keiner anderen Stelle mit der anderen Dachhälfte verbunden ist. Auf der anderen Seite verfahren Sie ebenso.

Der Unterboden

Die Deckenbalken auf der Bodenunterseite kaschieren dekorativ die Köpfe der Schrauben, die zuvor in die Giebelwand gedreht wurden. Nehmen Sie die 5 × 5 mm starken Balkenzuschnitte und leimen Sie diese so auf den Unterboden, dass Sie die Schraubenköpfe verdecken. Die Balken müssen sich auf der linken Seite der Hausvorderseite befinden. Orientieren Sie sich am Bauplan oder setzen Sie das Dachgeschoss probeweise auf. Streichen Sie den Unterboden mit weißer Volltonfarbe, um eine originalgetreue Deckenstruktur zu erhalten.

Die Balkenposition auf dem Unterboden des Dachgeschosses/Zimmerdecke Schlafzimmer; Balkenstärke 5 x 5 mm

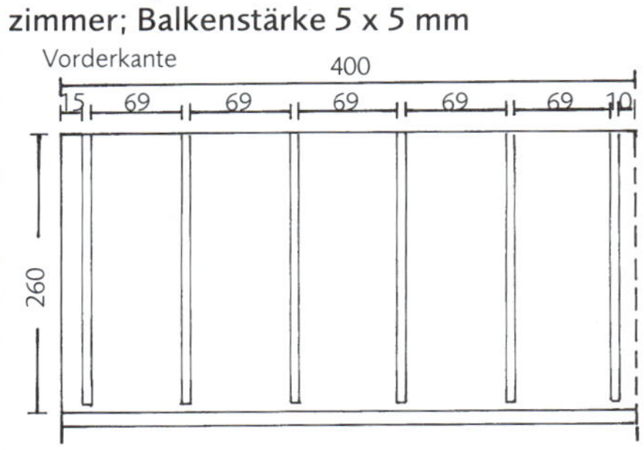

Alle Maßangaben in Millimeter

Die Treppen

Wenn Sie ein mehrstöckiges Puppenhaus bauen wollen, brauchen Sie Treppen, die die Etagen miteinander verbinden. Die hier gezeigten Aufgänge sind genau auf das Haus abgestimmt. Der stabile Treppenaufgang zum ersten Stock wird einfach an das Haus gestellt. Die Treppe zur nächsten Etage ist an der Unterseite des oberen Absatzes mit einer Nut versehen und wird auf die Abschlussleisten der oberen Etage aufgesteckt.

Materialliste für die Treppen

Bezeichnung	Anzahl	Länge in mm	Breite in mm
Material für den Aufgang zur ersten Etage			
10 mm dickes Sperrholz			
Boden	1 Stück	420	100
oberer Absatz	1 Stück	185	100
10 × 20 mm Vierkantleiste			
Stütze	2 Stück	217,5	
Querstrebe	2 Stück	80	
5 × 30 mm Vierkantleiste			
Treppenwange *Vorlage auf S. 60/61*	1 Stück	740	
5 × 20 mm Vierkantleiste; Gesamtlänge inklusive Verschnitt: 1,06 m			
Treppenstufen	13 Stück	80	
3 × 3 mm Modellbauleiste			
Hilfsleiste	2 Stück	50	
Bastelfarbe			
Material für den Aufgang zur zweiten Etage			
5 mm dickes Sperrholz			
Treppenabsatz Oberteil	1 Stück	160	121
Treppenabsatz Unterteil	1 Stück	160	102
8 × 8 mm Vierkantleiste			
Treppenabsatz Unterteil	1 Stück	160	
5 × 30 mm Vierkantleiste			
Treppenwange *Vorlage auf S. 60/61*	1 Stück	740	
5 × 20 mm Vierkantleiste; Gesamtlänge inklusive Verschnitt: 1,06 m			
Treppenstufe	13 Stück	80	
3 × 3 mm Modellbauleiste			
Hilfsleiste	2 Stück	50	
Bastelfarbe			

Der Aufgang zur ersten Etage

Bauen Sie zunächst einen Stützrahmen aus den 10 × 20 mm starken Leisten. Der fertige Rahmen misst 217,5 × 100 mm. Leimen Sie den Boden und den oberen Treppenabsatz an den Schmalseiten des Rahmens auf. Achten Sie dabei auf Rechtwinkeligkeit.

Während der Leim anzieht, fertigen Sie die Schablone für die Treppenwangen (durchpausen). Die Vorlage finden Sie am Ende des Buches. Legen Sie die Schablone mit der geraden Kante bündig auf die 5 × 30 mm starke Leiste. Übertragen Sie die Form zweimal und schneiden Sie die Wangen zu. Leimen Sie eine der beiden 3 × 3 mm starken Hilfsleisten auf die Unterseite des oberen Treppenabsatzes; der Abstand zur Vorderkante beträgt 35 mm, zu den Seitenkanten 25 mm. Die zweite Hilfsleiste leimen Sie auf den Boden; halten Sie einen Abstand von 55 mm zur Vorderkante und 25 mm zu den Seitenkanten ein. Geben Sie etwas UHU coll express auf die Enden der Hilfsleisten sowie auf die Endkanten der Wangen. Passen Sie die Wangenteile an den Hilfsleisten ein. Sie sollten 35 mm von der Vorderkante des Bodens zurückstehen.

Lassen Sie den Holzleim vollkommen durchtrocknen. Stellen Sie die Treppe dann vor sich und beleimen Sie die Oberkanten der Wangen. Drücken Sie die Stufen auf. Bei der farblichen Gestaltung des Aufgangs sind Ihnen keine Grenzen gesetzt. Streichen Sie die ganze Treppe beispielsweise im Farbton der Fensterläden oder bemalen Sie die Stufen mit einer anderen Farbe als die Wangen.

Der Aufgang zur zweiten Etage

Fertigen Sie die beiden Treppenwangen wie bei der Treppe zum ersten Obergeschoss beschrieben. Stellen Sie sie parallel zueinander auf die geraden Rückenkanten und leimen Sie die 3 × 3 mm starken Hilfsleisten dazwischen; achten Sie darauf, dass die Wangenenden auf gleicher Höhe liegen.

Tipp

Wenn Sie zwei oder mehr Etagen mit Aufgängen verbinden wollen, können Sie die Treppen zickzackartig aufstecken. Dazu müssen Sie beim Zusammenbau darauf achten, dass Sie die Nut zum Aufstecken, die sich auf der Unterseite des Treppenabsatzes befindet, an der entsprechenden Seite des Absatzes anbringen.

Bauen Sie dann den Treppenabsatz zusammen. Verleimen Sie dazu das Oberteil an einer Längskante bündig mit dem Unterteil. Den 8 × 8 mm starken Leisten-

Der Aufbau des Treppenabsatzes und die Position der Treppe

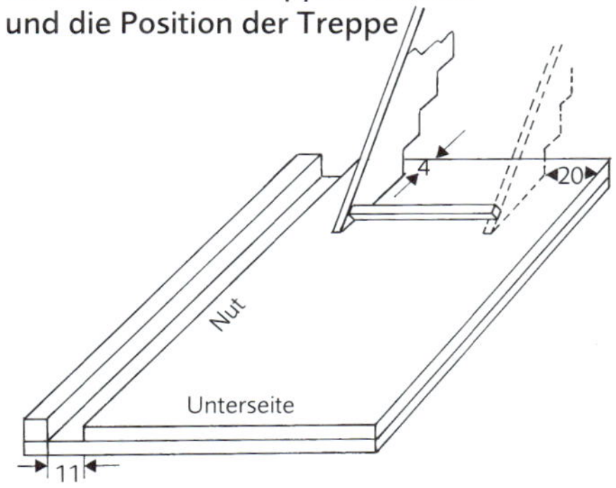

Alle Maßangaben in Millimeter

zuschnitt leimen Sie an der gegenüberliegenden Kante bündig auf. Der Abstand zwischen den Teilen muss 11 mm betragen, damit die Treppe auf die Etagenabschlussleisten gesteckt werden kann. Legen Sie den Absatzboden mit der Nut nach oben vor sich. Bestimmen Sie nun die Treppenvorderkante; wählen Sie die linke Kante, verläuft die Treppe von rechts unten nach links oben, wählen Sie die rechte, ist der Treppenverlauf von links unten nach rechts oben. Halten Sie beim Aufleimen der Wangen einen Abstand von 4 mm zur Vorderkante und 20 mm zur Längskante (siehe Grafik). Wenn der Leim angezogen hat, leimen Sie die Stufen auf die Wangen. Bemalen Sie dann die Treppe im Farbton des ersten Aufgangs.

Die Position der Hilfsleisten und der Treppenwangen

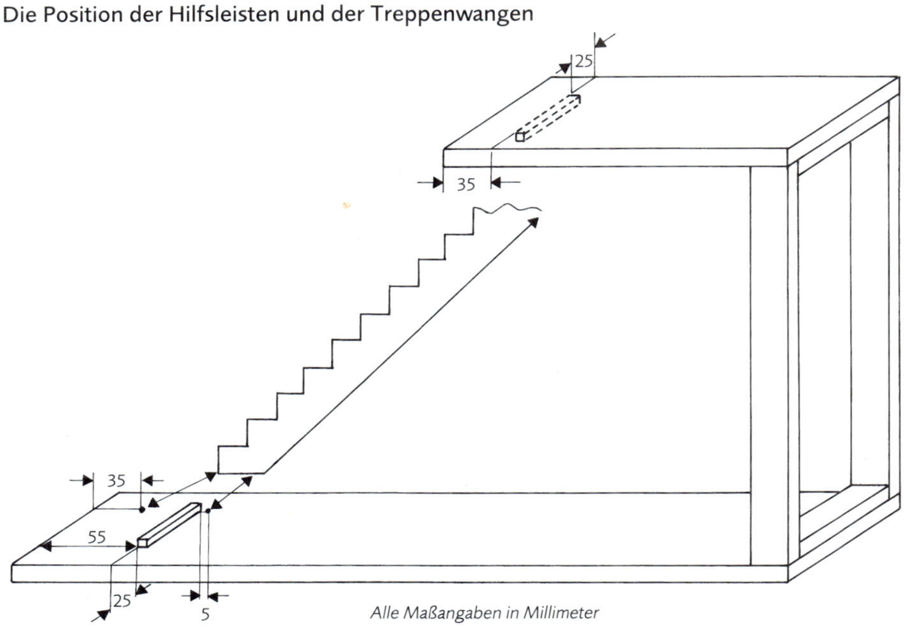

Alle Maßangaben in Millimeter

Die Wand- und Boden-gestaltung mit Farbe

Nach dem Zuschnitt der Wandteile können Sie gleich mit dem Dekorieren der Wände und Böden Ihres Puppenhauses oder Ihrer Puppenstube beginnen. Auf diesen Seiten finden Sie Dekorationstechniken und Gestaltungsvorschläge für die einzelnen Zimmer.

Allgemeines zur Gestaltung

Die Gestaltung der einzelnen Zimmer mit Farbe ist einfacher als es auf den ersten Blick scheint. Sie können verschiedene Wände und Böden gleichzeitig dekorieren. Während bei einem Zimmer der Anstrich trocknet, bearbeiten Sie die Flächen eines anderen Raumes. Mit zwei Grundtönen können Sie bereits sehr unterschiedliche Effekte erzielen. Man braucht nur die Farben etwas aufzuhellen oder abzudunkeln und verschiedene Maltechniken anzuwenden.

Tipp

Beginnen Sie beim Mischen einer Grundfarbe immer mit dem hellsten Farbton und träufeln Sie dann dunklere Farben dazu.

Für die hier vorgestellten Maltechniken benötigen Sie eine deckende Untergrundfarbe sowie eine kontrastierende Lasurfarbe. Für eine Lasur mischen Sie den gewünschten Farbton an, geben etwas von der Farbe in ein separates Gefäß und verdünnen diese Menge um etwa ein Drittel mit Wasser. Dadurch hat die Farbe weniger Deckkraft und erscheint nach dem Auftrocknen transparent. Angemischte Farbe kann man in einem Behälter mit Schraubverschluss lange aufbewahren. Hat man nur einen offenen Behälter (Glas, Joghurtbecher oder ähnliches), kann man diesen mit Frischhaltefolie und einem Rundgummi abdichten.

Tipp

Benutzen Sie zum Abdunkeln der Farben Umbra, denn Schwarz ist viel zu farbintensiv.

Rühren Sie grundsätzlich jede Farbe vor Gebrauch gründlich um. Hierzu können Sie Schaschlikspieße oder dünne Holzstäbe verwenden. Probieren Sie jeden Farbauftrag auf einem Holzrest aus. Die Farben erscheinen nach dem Trocknen oftmals viel heller als im nassen Zustand. Das gilt besonders bei den Lasuren. Verwenden Sie zum Aufstreichen der Untergrundfarbe einen Flachpinsel. Wenn sich die Farbe schwer auftragen

①

①

lässt, verdünnen Sie sie mit etwas Wasser. Streifen Sie den Pinsel nach dem Farbauftrag zuerst auf Küchenkrepp ab und waschen ihn dann sorgfältig unter reichlich fließendem Wasser aus.

Tipp

Mischen Sie grundsätzlich etwas mehr Farbe an, so dass Sie Schadstellen später nachbessern bzw. die Farbe für andere Dekorationszwecke einsetzen können.

Das Erdgeschoss

▸ Wohnzimmer ①

Untergrundfarbe: Lindgrün (Weiß mit etwas Grün und Gelb mischen)
Lasurauftrag: Lichtblau (Blau mit etwas Weiß aufgehellt); mit etwas Umbra erhalten Sie ein abgetöntes Himmelblau.
Technik: Tragen Sie zuerst die Grundfarbe flächig auf. Nach dem Trocknen kleben Sie mit Malerband die Sockelhöhe (etwa 19 mm) ab und die Streifen für das Wandmuster auf. Streichen Sie mit dem Pinsel etwas Lasur auf ein Naturschwämmchen und tupfen Sie mit leichter Hand über die Wandflächen. Für den Sockelstreifen kleben Sie die Wände entsprechend ab und streichen die Streifenfläche im Farbton der Lasur.
Bodenfarbe: Mit Grün und Umbra abgedunkeltes Lindgrün

▸ Küche ②

Untergrundfarbe: Altrosa (Weiß mit etwas Rot und Umbra)
Lasurauftrag: Weiß
Technik: Legen Sie drei Seiten einer Tageszeitung bereit. Tragen Sie die Lasur flächig auf die getrocknete Grundfarbe auf. Zerknüllen Sie dann eine Seite des Altpapiers und tupfen Sie damit über den noch nicht aufgetrockneten Lasurauftrag. Auf diese Weise nimmt das Papier etwas feuchte Farbe auf und es entsteht ein unregelmäßiges, marmorähnliches Muster. Sie können die Wände zusätzlich mit ei-

Bei der farblichen Gestaltung des Hauses können Sie Ihrer Phantasie freien Lauf lassen. Wie wäre es zum Beispiel, wenn Sie die einzelnen Räume so streichen und dekorieren wie in Ihrer eigenen Wohnung.

Die Wirkung der Wände lässt sich durch wenige verschiedene Grundfarben und Lasuren sehr stark verändern. Durch die unterschiedlichen Dekorationstechniken wird die Gestaltung nochmals variiert. Aufgemalte Zierstreifen und aufgeklebte Fliesen aus Mustertapete geben zusätzliche Möglichkeiten, Abwechslung in die Wandgestaltung zu bringen.

nem weißen Sockel und einem weißen Dekorstreifen verzieren.
Bodengestaltung: Farbauftrag für den Boden (eigentlich Fugenfarbton): Anthrazitblau (Blau mit Weiß aufhellen und mit Umbra abtönen)
Fliesengestaltung: Für die Wandfliesen schneiden Sie von einer weißen Mustertapete 10 mm große Quadrate. Beginnen Sie mit dem Aufkleben der Fliesen 70 mm über dem Boden. Wählen Sie für die Bodenfliesen eine passende Strukturtapete (z. B. in Steinoptik) und schneiden Sie 25 mm große Quadrate aus. Achten Sie beim Aufkleben der Fliesen auf extrem schmale Fugen.

▸ Esszimmer ③

Untergrundfarbe: Maisgelb (Gelb und Weiß mit etwas Rot abgetönt) mit ein wenig Weiß aufgehellt
Lasurauftrag: Lindgrün (verwenden Sie die Untergrundfarbe vom Wohnzimmer)
Technik: Streichen Sie die Wände und lassen Sie sie trocknen. Mit dem Naturschwämmchen tupfen Sie die Lasur über die Flächen. Nachdem der Lasurauftrag trocken ist, können Sie einen Dekorstreifen und den Sockel aufmalen: Kleben Sie außerhalb der Flächen Malerband (Kreppband) auf und überstreichen Sie die freien Flächen in Lindgrün, das Sie zuvor mit etwas Umbra abdunkeln.
Bodengestaltung: Dunkeloliv (Lindgrün mit Grün und Umbra abdunkeln; eventuell noch etwas Gelb hinzugeben)

▸ Garderobe ④

Untergrundfarbe: Maisgelb und Dunkeloliv wie beim Esszimmer, abgegrenzt durch einen weißen Dekorstreifen, der vor den Grundanstrichen aufgebracht wird. Vor dem Auftragen der Grundfarben müssen Sie den Streifen abkleben.
Bodengestaltung: Tragen Sie als Grundfarbe (Fugenfarbe) Dunkeloliv auf. Schneiden Sie dann aus zwei dezent kontrastierenden Mustertapeten mit Marmorstruktur 25 mm große Quadrate.

Das Obergeschoss

▸ Schlafzimmer ⑤

Untergrundfarbe: abgetöntes Himmelblau (Blau und Weiß mit etwas Altrosa und ein wenig Grün)
Lasurauftrag: Etwas Untergrundfarbe mit wenig Blau und Grün abdunkeln; je nach Bodenfarbe etwas Altrosa hinzumischen.
Technik: Wie bei der Küchengestaltung, jedoch mit zerknüllter Frischhaltefolie. Malen Sie einen weißen Sockel und eine weiße Dekorgirlande mit Schleifen auf.
Bodengestaltung: Selbst klebender Samt in Ultramarinblau oder Farbe nach Wahl

▸ Badezimmer ⑥

Untergrundfarbe für Wand und Boden: Lichtblau mit Weiß aufgehellt
Fliesengestaltung: Struktur-Mustertapete in Marmoreffekt. Schneiden Sie für die Wandfliesen 10 mm große, für die Bodenfliesen 25 mm große Quadrate aus. Beginnen Sie die erste Wandfliesenreihe oberhalb der Türrahmen. Kleben Sie als Abschluss Streifen in doppelter Fliesenbreite und halber Fliesenhöhe darüber. Stellen Sie die Wände immer wieder aneinander, um die Fliesenübergänge auf gleicher Höhe zu halten. Bekleben Sie die Rückwand nur bis zur Zwischenwandmarkierung mit Fliesen.
Toilettennische: Überkleben Sie für die effektvollen Marmorwände die Wandflächen komplett mit der Mustertapete.

⑤

⑥
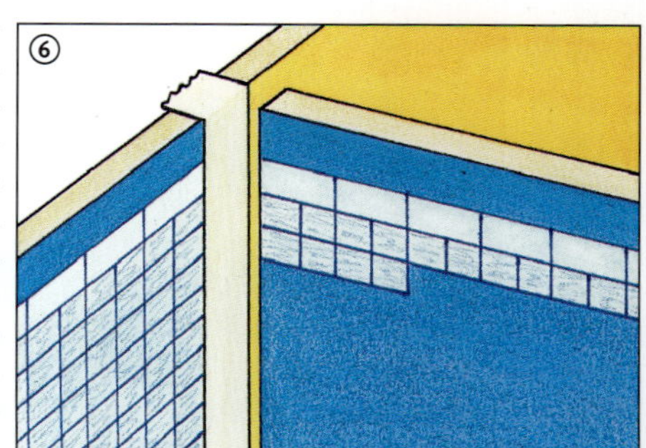

▸ Lesezimmer ⑦

Untergrundfarbe: Maisgelb mit etwas Weiß aufgehellt
Lasurauftrag: Verwenden Sie Himmelblau wie beim Schlafzimmer und tönen Sie es mit Maisgelb ab. Legen Sie die Dekorhöhe fest und kleben Sie die Flächen außerhalb des Lasurbereiches ab. Kleben Sie auch den Sockelbereich ab. Geben Sie etwas Farbe auf die zerknüllte Frischhaltefolie und tupfen Sie mit leichter Hand über die Untergrundflächen. Tragen Sie den dunkeloliven Dekorstreifen mit Punkten freihändig auf. Die Sockelfläche können Sie mit weißer Farbe übermalen.
Bodengestaltung: Mit Gelb aufgehelltes Dunkeloliv

▸ Arbeitszimmer ⑧

Untergrundfarbe: Mit Grün abgetöntes Himmelblau. Für die nachfolgende Lasurtechnik muss die Grundfarbe völlig durchgetrocknet sein. Kleben Sie vor dem Lasurauftrag die Sockelhöhe ab.
Lasurauftrag: Verwenden Sie Maisgelb. Tragen Sie die Farbe flächig auf und lassen Sie sie antrocknen. Wischen Sie dann mit einem feuchten Schwamm die Farbe teilweise wieder ab. Schleifen Sie nach dem Durchtrocknen die Flächen mit sehr feinem Schleifpapier vorsichtig an.
Bodengestaltung: wie bei der Garderobe

Das Dachgeschoss

▸ Jugendzimmer ⑨

Untergrundfarbe: Altrosa mit etwas Weiß aufgehellt
Lasurauftrag: Untergrundfarbe mit etwas Blau abgetönt. Tupfen Sie die Lasur mit einem Schwämmchen auf.
Bodengestaltung: Selbst klebender Samt in Altrosa oder Farbe nach Wahl

▸ Gästezimmer

Untergrundfarbe: Maisgelb mit etwas Grün abgetönt
Lasurauftrag: Untergrundfarbe mit Grün abgetönt. Tupfen Sie die Lasur mit einem Schwämmchen auf.
Bodengestaltung: Grundfarbe mit etwas Umbra abgetönt

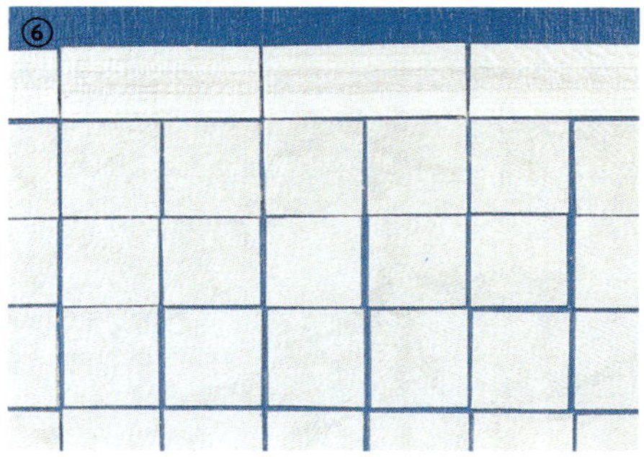

Auch das Aussehen der Böden kann durch unterschiedliche Farben und Maltechniken variiert werden. Selbst klebender Samt oder Folien und Mustertapeten lassen sich hier gut einsetzen.

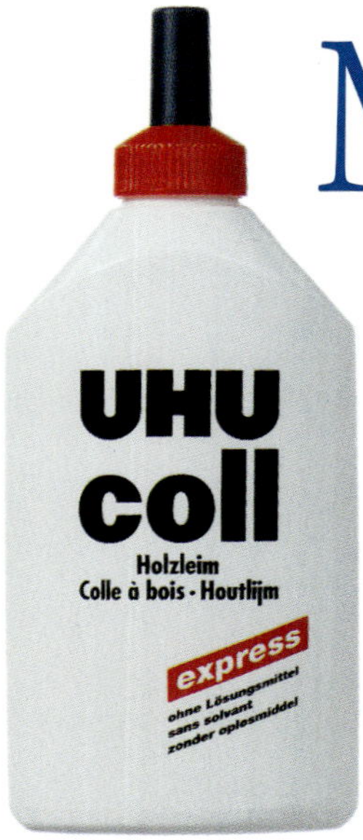

Möbel bauen

Was wäre ein Haus ohne Möbel? Das gilt natürlich auch für ein Puppenhaus. Auf den folgenden Seiten finden Sie die Bauanleitungen für eine Vielzahl von Möbelstücken, die Ihr Puppenhaus wohnlicher machen. Alle hier vorgestellten Möbel sind trotz ihrer Detailgenauigkeit sehr einfach zu basteln. Wie beim Bau des Hauses gibt es jedoch einige Techniken, die Sie beherzigen sollten.

Der Zuschnitt

Übertragen Sie die Maße aus den Materiallisten auf das Sperrholz und schneiden Sie alle Teile so genau wie möglich aus. Achten Sie dabei auf Rechtwinkeligkeit. Falls Sie die Teile mit einer Dekupiersäge zusägen, nutzen Sie den Anschlag. Für manche Möbelstücke werden Teile benötigt, die nach Schablonen zugeschnitten werden müssen. Die Vorlagen für diese Schablonen finden Sie am Ende des Buches. In den Materialkästen steht ein entsprechender Verweis. Für das Anfertigen der Schablonen gibt es zwei Möglichkeiten:

1. Legen Sie ein Blatt Transparentpapier auf die Vorlage und pausen Sie die Kontur durch. Schneiden Sie die Schablone mit einer Schere zu. Die Konturen können dann mit einem Bleistift auf das Sperrholz übertragen werden.
2. Platzieren Sie unter der Vorlage einen Bogen Schreibpapier und ein Blatt Kohlepapier. Drücken Sie den Umriss mit einem spitzen Gegenstand (z. B. Stricknadel) durch. Danach können Sie Ihre Schablone ausschneiden und die Kontur auf das Holz übertragen.

Sie können die abgepausten Vorlagen auch direkt mit Spezialkopierpapier für Bauernmalerei auf das Sperrholz aufzeichnen, ohne sie vorher auszuschneiden. Glätten Sie nach dem Zuschnitt vorsichtig alle Kanten mit Schleifpapier.

Tipp

An Stellen, an denen Leim hervorgetreten ist, nimmt das Holz keine Farbe an. Wenn Sie die Möbel im Farbton verändern möchten, sollten Sie die Teile vor dem Zusammenbau lasieren.

Die Maßlinien und das Verleimen ①②③

Um die Möbelteile zusammenbauen zu können, müssen Sie sie mit Maßlinien versehen, die die Lage von einzelnen Bauteilen bezeichnen. Orientieren Sie sich vor dem Bemaßen an der entsprechenden Grafik. Legen Sie die Teile vor sich, übertragen Sie die Maßpunkte und ziehen Sie waagerechte Linien durch sie. Unter diese Maßlinien werden Behelfshölzchen geleimt, die zum Beispiel Fachböden auf ihrer Position halten und so den Zusammenbau erleichtern. Die Behelfshölzchen werden meist bündig zur Rückkante angebracht. Lassen Sie vor dem Weiterbau den Leim etwas trocknen, damit die Hölzchen nicht verrutschen können. Überschüssigen, noch feuchten Leim vorsichtig mit der Spitze eines Holzstäbchens entfernen. Alle Bauteile werden stumpf miteinander verleimt. Bei Möbelstücken mit Rückwand wird zunächst die linke Seitenwand auf diese aufgeleimt. Setzen Sie dann die an den entsprechenden Kanten beleimten Böden oder Fächer gegen diese Seitenwand. Die Fachböden sollten sauber auf den Behelfshölzchen aufliegen. Achten Sie darauf, dass die Teile im rechten Winkel zur Seitenwand stehen. Gegen die Fächer und Böden werden Trenn- und Seitenwände geleimt. Sie sollten stets auf der Rückkante beleimt werden, um mit der Rückwand verbunden zu sein.

Tipp

Wenn Sie wollen, können Sie die Ecken und Kanten der Möbelstücke mit Schleifpapier leicht abrunden.

Tipp

Alle aufgeführten Anleitungen sind Vorschläge für den Bau von Möbeln. Sie können die Pläne ohne viel Aufwand variieren und auf diese Art völlig andere Einrichtungsgegenstände basteln.

Türen und Klappen ④

Möbeltüren oder Klappen werden mit Nahtband befestigt. Schneiden Sie das Band dazu in der Länge der Türen ab und kleben Sie es der Länge nach auf die Vorderkante des Korpusses. Es sollte zur Innenkante hin bündig sein und außen überstehen. Wenn der Leim getrocknet ist, schlagen Sie das Band ein und bestreichen den Umschlag mit Leim. Setzen Sie dann die Tür auf und lassen Sie das Ganze trocknen. Als Türverschluss eignet sich Klettband. Kleben Sie mit UHU ALLESKLEBER Kraft schmale Streifen auf Korpus und Tür.

Tipp

Um zu verhindern, dass das Haushaltsband vom Leim durchtränkt wird, können Sie einfach einen Streifen transparentes Klebeband vor dem Umschlagen auf das Gewebe kleben. Nach dem Trocknen des Leims können die Türen geöffnet und das Klebeband entfernt werden.

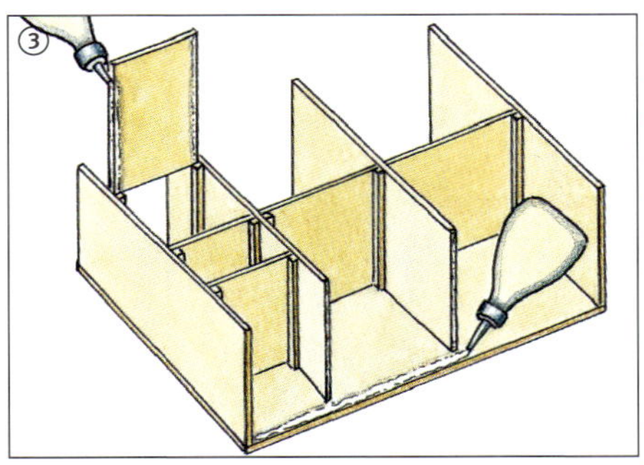

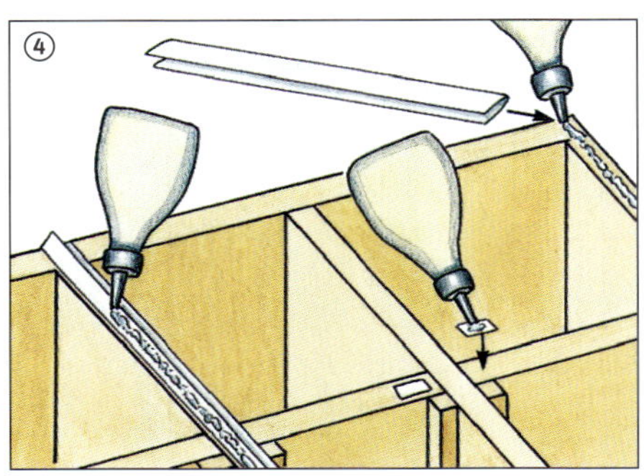

Die Möbel zeichnen sich durch bewegliche Türen und Klappen und viele weitere realistische Details aus. Für jeden Raum gibt es die passenden Einrichtungsgegenstände und durch kleine Veränderungen können Sie noch eine Vielzahl von Varianten herstellen.

Wannen und Becken

Einrichtungsgegenstände wie die Küchenzeile, der Waschtisch oder die Badewanne enthalten Teile, die aus Modelliermasse geformt werden. Verwenden Sie eine Masse, die sich im Backofen härten lässt. Kneten Sie das Material vor dem Modellieren gut durch, bis es weich und geschmeidig ist. Verarbeiten Sie es dann wie in den Anleitungen beschrieben. Brennen Sie die geformten Teile im Backofen. Die Temperatur entnehmen Sie den Herstellerangaben. Die Möbel selbst dürfen nicht in den Ofen gestellt werden. Nach dem Härten sollten Sie die Teile noch warm in den Möbelkorpus einsetzen und danach bemalen.

Wohn-räume

Das Wohnzimmer ist mit Sitzgarnitur, Couchtisch, Wandregal und Musikschränkchen sehr gemütlich ausgestattet. Das Wichtigste in einem Esszimmer sind natürlich Tisch und Stühle.

Materialliste für die Wohn- und Esszimmermöbel

Bezeichnung	Anzahl	Länge in mm	Breite in mm
Material für das Musikschränkchen			
4 mm dickes Sperrholz			
Seitenteil	2 Stück	57	45
Boden	1 Stück	90	45
Rückwand	1 Stück	98	57
Deckplatte	1 Stück	98	53
Zwischenwand	2 Stück	53	45
Fachboden	2 Stück	45	28,5
Fachboden	3 Stück	45	25
Tür	2 Stück	57	34,5
3 × 3 mm Modellbauleiste			
Fachbodenhölzchen	10 Stück	44	
4 × 4 mm Modellbauleiste			
Fuß	4 Stück	3	
3 mm Rundholz			
Türgriff	2 Stück	3	
Nahtband, 10 mm breit; Klettbandstreifen			
Material für einen Sessel			
4 mm dickes Sperrholz			
Seitenteil *Vorlage auf Seite 62*	2 Stück		
Sitzfläche	1 Stück	50	55
Rückenlehne	1 Stück	78	50
3 × 3 mm Modellbauleiste			
Behelfshölzchen	2 Stück	35	
Material für das Sofa			
4 mm dickes Sperrholz			
Seitenteil *Vorlage auf Seite 62*	2 Stück		
Sitzfläche	1 Stück	133	55
Rückenlehne	1 Stück	133	78

Fortsetzung der Tabelle siehe S. 30

Das Musikschränkchen

Legen Sie das linke Seitenteil und eine Zwischenwand nebeneinander. Markieren Sie zuerst auf der Zwischenwand die Abstände für drei Fachböden (von unten nach oben: 10 mm, 14 mm, 14 mm). Geben Sie dann bei der Höhe des untersten Fachbodens 4 mm zu (dies entspricht der Bodenplattenstärke) und übertragen Sie das Maß auf die Seitenwand. Die übrigen Abstände können Sie von der Zwischenwand übernehmen.
Wenden Sie die Zwischenwand und legen Sie die zweite daneben. Markieren Sie die Ablagehöhe eines Fachbodens (24 mm) auf beiden Wänden. Dann wenden Sie die zweite Zwischenwand und übertragen das Maß auf die Rückseite. Legen Sie das rechte Seitenteil daneben. Markieren Sie die Fachbodenhöhe plus 4 mm für die Bodenstärke auf der Seitenwand.

Musikschränkchen

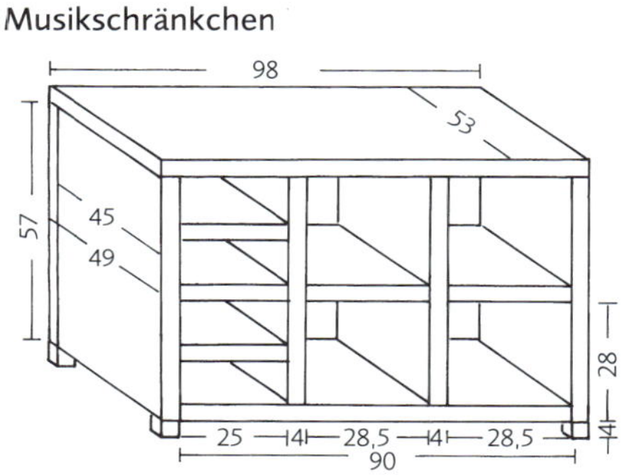

Alle Maßangaben in Millimeter

Leimen Sie unterhalb dieser Markierungen die 3 × 3 mm starken Leistenhölzchen auf. Sie müssen mit den Hinterkanten bündig sein.

Befestigen Sie das linke Seitenteil auf der Rückwand. Setzen Sie die beleimten Fachböden ein und leimen Sie die erste Zwischenwand an der Oberkante mit der Rückwand bündig dagegen. Setzen Sie einen einzelnen Fachboden auf und leimen Sie die zweite Zwischenwand dagegen. Verfahren Sie genauso beim nächsten Zwischenboden und dem rechten Seitenteil. Passen Sie dann den Boden ein und legen Sie die Deckplatte auf. Zuletzt befestigen Sie die Füße an der Unterseite des Korpusses.

Tipp

Übertragen Sie alle Maßangaben und Vorlagen entsprechend den Zuschnittangaben auf das Sperrholz. Je sorgfältiger Sie übertragen und die Bauteile ausschneiden, desto leichter lassen sich die Möbel zusammenbauen.

Schneiden Sie für die Türen das Nahtband in der entsprechenden Länge ab. Falten Sie es dann längsseits hälftig. Geben Sie Leim auf die Vorderkante der ersten Zwischenwand und der rechten Außenwand und kleben Sie das Nahtband auf. Wenn der Leim trocken ist, beleimen Sie die Oberseite des eingefalteten Bandes und legen Sie die Türen auf. Befestigen Sie auf den Türen die Griffe. Als Türverschluss eignen sich schmale Klettbandstreifen, die Sie mit Leim auf Türen und Korpus kleben können.

Der Sessel und das Sofa

Der Aufbau von Sessel und Sofa ist gleich. Messen Sie an den Innenseiten

Sessel & Sofa

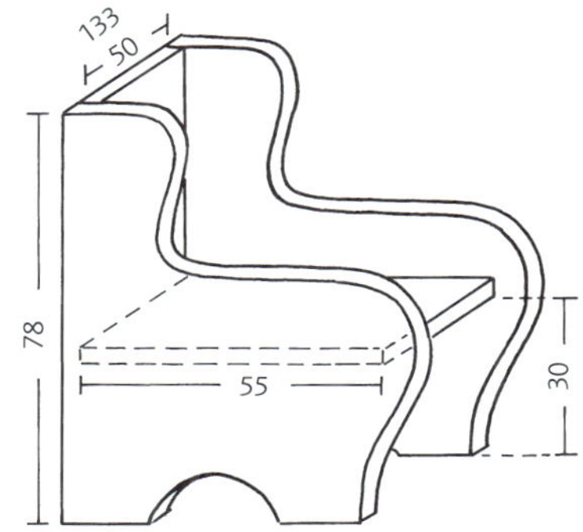

Alle Maßangaben in Millimeter

der Seitenteile von der Bodenkante aus 30 mm nach oben und ziehen Sie eine Linie. Leimen Sie die Auflagehölzchen unterhalb der Markierung mittig auf. Passen Sie die Rückenlehne zwischen die Seitenteile ein. Leimen Sie dann die Sitzfläche an die Rückenlehne und auf die Auflagehölzchen.

Der Couchtisch

Runden Sie zunächst die Ecken des Ablagebodens etwas ab. Legen Sie dann die Tischbeine hochkant nebeneinander. Messen Sie von der Unterkante aus 13 mm nach oben und markieren Sie die

Couchtisch

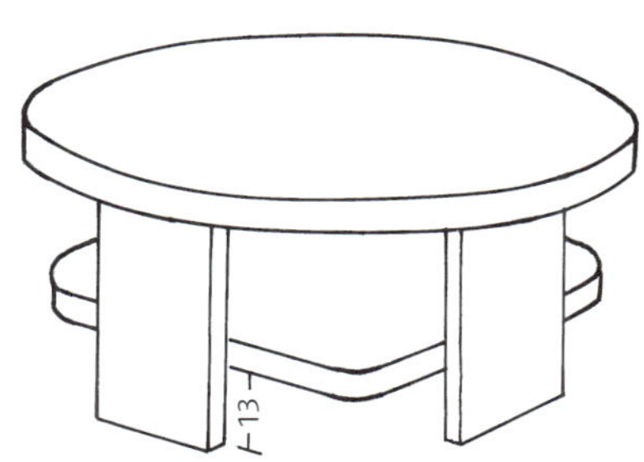

Alle Maßangaben in Millimeter

Tipp

Das Verleimen des Couchtisches wird wesentlich vereinfacht, wenn man den Ablageboden mit der Unterseite nach oben auf einen 28 mm langen Abschnitt einer 20 x 20 mm starken Quadratholzleiste legt. Setzen Sie dann die Beine des Couchtischs mit den Oberkanten nach unten dagegen. Achten Sie darauf, dass die Beine im rechten Winkel zum Ablageboden stehen. Danach sollte der Leim gut trocknen.

Stelle mit einer Linie. Leimen Sie jeweils unterhalb davon ein Behelfshölzchen mittig auf und setzen Sie dann den Ablageboden ein. Geben Sie etwas UHU coll express auf die Oberkanten der Beine und legen Sie die Tischplatte auf.

Tipp

Wenn Sie im Esszimmer noch andere Einrichtungsgegenstände aufstellen möchten, können Sie Möbel aus anderen Räumen etwas abwandeln. Vielleicht machen Sie beispielsweise aus dem Musikschränkchen ein Sideboard.

Der Esszimmertisch

Fortsetzung der Tabelle von Seite 28

Bezeichnung	Anzahl	Länge in mm	Breite in mm
3 x 3 mm Modellbauleiste Auflagehölzchen	2 Stück	35	
Material für den Couchtisch			
4 mm dickes Sperrholz Tischbein	4 Stück	45	20
Ablageboden	1 Stück	55	55
5 mm dickes Sperrholz Tischplatte *rund, 100 mm Durchmesser*	1 Stück		
3 x 3 mm Modellbauleiste Behelfshölzchen	4 Stück	15	
Material für das Wandregal			
4 mm dickes Sperrholz Seitenwand	4 Stück	165	30
Boden	2 Stück	41	30
Rückwand	2 Stück	133	49
Fachboden	8 Stück	41	30
Fachboden	1 Stück	70	34
Fachboden *Vorlage auf Seite 61*	2 Stück		
3 x 3 mm Modellbauleiste Fachbodenhölzchen	22 Stück	28	
Material für den Esszimmertisch			
4 mm dickes Sperrholz Tischplatte	1 Stück	111	72
5 x 5 mm Vierkantleiste Tischbein	4 Stück	58	
3 x 5 mm Vierkantleiste kurze Blende	2 Stück	66	
lange Blende	2 Stück	99	
Material für den Esszimmerstuhl			
4 mm dickes Sperrholz Seitenteil *Vorlage auf Seite 61*	2 Stück		
Sitzfläche *Vorlage auf Seite 61*	1 Stück		
Rückenlehne	1 Stück	27	14
Vorder- und Rückblende	2 Stück	27	5

Schneiden Sie alle Einzelteile gemäß der Angaben der Materialliste zu. Legen Sie die Tischplatte mit der Oberseite nach unten vor sich. Messen Sie auf der Unterseite rundum 3 mm zur Mitte hin ab und ziehen Sie durch die Maßpunkte Linien, die parallel zu den Kanten verlaufen. Leimen Sie innerhalb dieser Markierungen zuerst die kurzen und dann die langen Blenden hochkant auf. Arbeiten Sie bei Ungenauigkeiten die Leisten eventuell nach. Wenn der Leim getrocknet ist, können Sie die Beine befestigen. Tragen Sie dazu etwas Leim in die Innenecken der Tischblenden auf und drücken Sie die Beine dagegen. Achten Sie darauf, dass die Teile nicht verrutschen.

Tipp

Anstatt der eckigen Tischbeine können Sie auch vier 58 mm lange Abschnitte eines 5 mm starken Rundholzes verwenden. Auch die runden Beine werden einfach in die Ecken geleimt.

Esszimmertisch

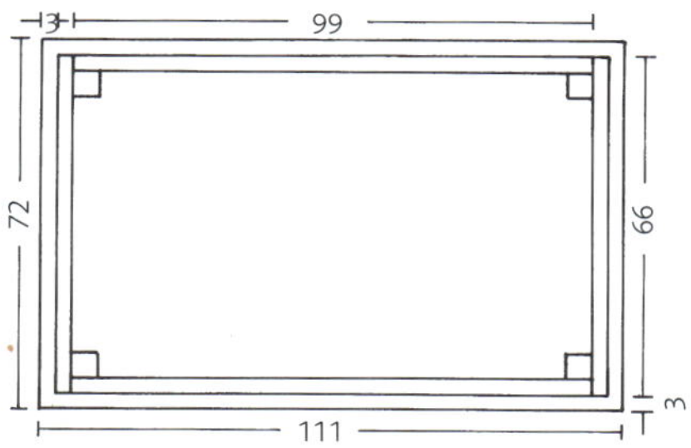

Alle Maßangaben in Millimeter

Der Esszimmerstuhl

Fertigen Sie sich Schablonen für die Seitenteile und für die Sitzfläche an. Übertragen Sie dann die Umrisse auf das

Holz und schneiden Sie die Teile exakt aus. Leimen Sie die Sitzfläche auf die Seitenteile; sie steht an den Seiten und vorne jeweils 1 mm über. Setzen Sie die Rückenlehne 1 mm unterhalb der Seitenteiloberkante ein. Leimen Sie die vordere und hintere Blende zwischen die Seitenteile. Die Blenden müssen mit der Sitzfläche verbunden sein und an der Vorder- bzw. Rückseite 1 mm zurückstehen.

Esszimmerstuhl

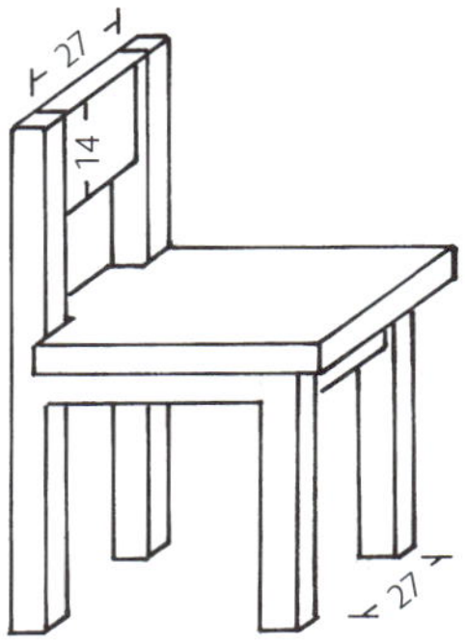

Alle Maßangaben in Millimeter

Das Wandregal

Legen Sie alle Seitenteile hochkant nebeneinander. Messen Sie für die Höhe der unteren und oberen äußeren Fachböden von der Oberkante aus 36 mm, von der Unterkante aus 30 mm ab und ziehen Sie jeweils eine Linie. Die anderen Fachbodenabstände übertragen Sie gemäß der Grafik. Wenden Sie die mittleren Seitenteile und messen Sie von der Oberkante aus wiederum 36 mm ab. Für die abgerundeten Fachböden darunter können Sie die Höhe nach der Zeichnung oder beliebig markieren. Leimen Sie die Fachbodenhölzchen unterhalb der Markierungen auf. Verbinden Sie die Seitenteile und die Fachböden mit den Rückwänden und setzen sie die Regalböden ein. Stellen Sie die beiden seitlichen Regalteile nebeneinander und leimen Sie die 70 mm breiten Fachböden dazwischen auf die Fachbodenhölzchen. Lassen Sie den Leim dann vollständig durchtrocknen.

Tipp

Das Wandregal erhält eine moderne Note, wenn Sie die Seitenteile an der oberen Kante nach vorne hin abrunden. Legen Sie vor dem Verleimen die Seitenwände vor sich und zeichnen Sie die Rundung auf. Verwenden Sie dazu entweder eine Schablone oder ziehen Sie den Rand eines kleinen Glases nach. Schneiden Sie dann die Teile zu.

Wandregal

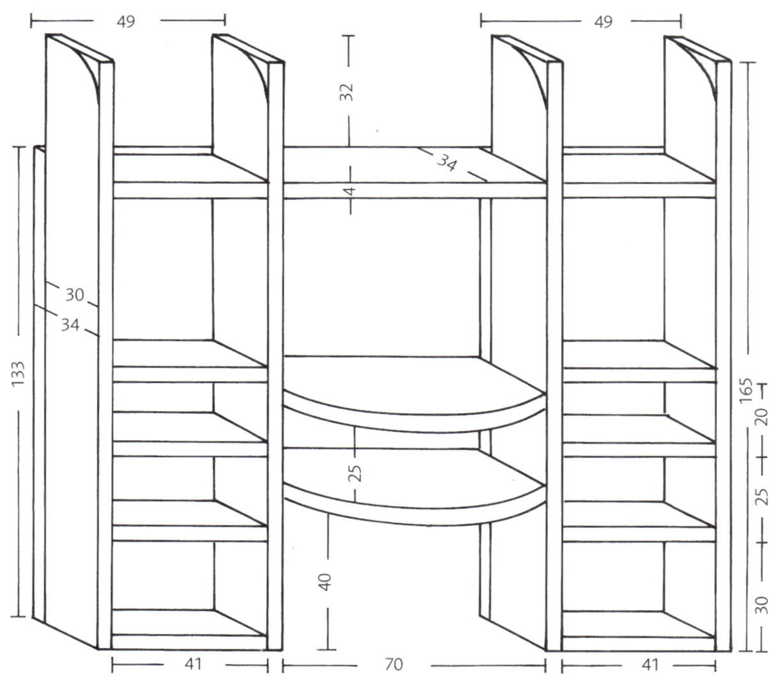

Alle Maßangaben in Millimeter

Die Küche

In dieser komplett eingerichteten Küche können Kinder ganz realistisch spielen. Alles ist vorhanden: eine Küchenzeile mit Backofen und Spüle, ein Tellerregal und eine Kühlkombination mit vielen originalgetreuen Details. Tisch, Hocker, Bank und Handtuchhalter im bäuerlichen Stil machen die Küche zu einem gemütlichen Wohnraum.

Materialliste für die Küchenausstattung

Bezeichnung	Anzahl	Länge in mm	Breite in mm
Material für die Küchenzeile			
4 mm dickes Sperrholz			
Zuschnitt für die gesamte Zeile:			
Seitenteil	6 Stück	66	48
Rückwand	1 Stück	225	66
Sockelblende	1 Stück	225	8
Arbeitsplatte	1 Stück	225	56
Zuschnitt Schränke:			
Boden und Fachboden	4 Stück	30	48
Zuschnitt Herd:			
Boden	1 Stück	50	48
Fachboden	1 Stück	50	40
Einsatz	1 Stück	50	54
Ausschnitt siehe Grafik			
Blende	1 Stück	58	10
Tür	1 Stück	58	48
Ausschnitt siehe Grafik			
Zuschnitt Spüle:			
Boden und Fachboden links	2 Stück	47	48
Boden und Fachboden rechts	2 Stück	44	48
Tür unterhalb Spülbecken	1 Stück	56	47
Blende	1 Stück	103	10
3 × 3 mm Modellbauleiste			
Boden- und Fachbodenhölzchen	20 Stück	40	
Türgriff Backofen	1 Stück	50	
5 mm Rundholz			
Herdschalter und Schranktürgriff	6 Stück	3	
15 mm Rundholz			
Kochfeldplatte	4 Stück	3	
dicke Klarsichtfolie, Haushaltsband, doppelseitiges Klebeband, Klettband, Acryllack in Schwarz und Silber, Modelliermasse			

Fortsetzung der Tabelle siehe S. 34

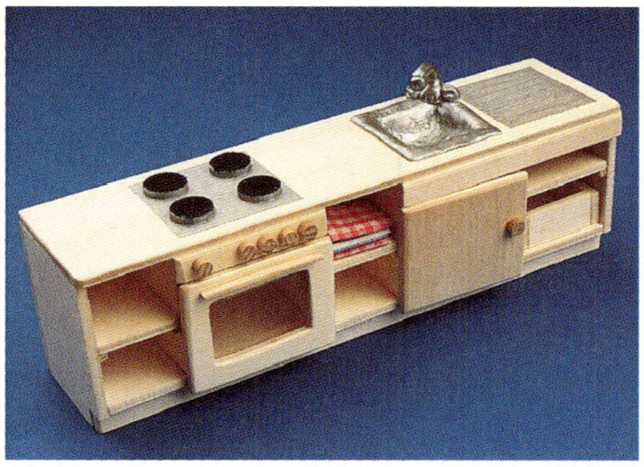

Die Küchenzeile

Für den Sockel schneiden Sie bei jedem Seitenteil an einer Ecke ein 8 × 8 mm großes Quadrat heraus. Legen Sie alle Seitenteile hochkant nebeneinander. Ziehen Sie für die Positionen der Bodenhölzchen auf allen Innenseiten ab dem 8 mm hohen Sockelausschnitt eine waagrechte Linie. Markieren Sie dann die Position der Fachböden. Orientieren Sie sich an den Angaben der Grafik. Leimen Sie die Hölzchen auf. Befestigen Sie die linke Seitenwand auf der Rückwand. Setzen Sie den entsprechenden Boden und Fachboden ein und die angrenzende Seitenwand dagegen. Arbeiten Sie auf diese Weise die gesamte Zeile, orientieren Sie sich dabei an der Grafik. Setzen Sie dann beim Herd den Einsatz ein und leimen Sie die Blende auf. Verleimen Sie auch die Sockelblende und die Blende für die Spüle. Übertragen Sie die Maße für den Spülbeckenausschnitt gemäß der Grafik auf die Arbeitsplatte und sägen Sie den Ausschnitt aus. Beleimen Sie die Oberkanten der Seitenteile und setzen Sie die Platte auf. Schneiden Sie aus der dicken Klarsichtfolie ein ausreichend großes Stück zu und fixieren Sie es mit doppelseitigem Klebeband auf der Innenseite der Herdtür. Befestigen Sie diese an ihrer Unterseite mit einem 50 mm langen Streifen Haushaltsband (Nahtband) am Ofen. Dabei wird das Band wie bei einer Schranktür gefaltet. Für den Verschluss kleben Sie schmale Klettbandstreifen auf. Die Tür unter dem Spülbecken befestigen Sie ebenfalls mit einem Streifen Haushaltsband. Zuletzt leimen Sie die vier Kochfeldplatten, die Schalter und die Türgriffe auf.

Küchenzeile

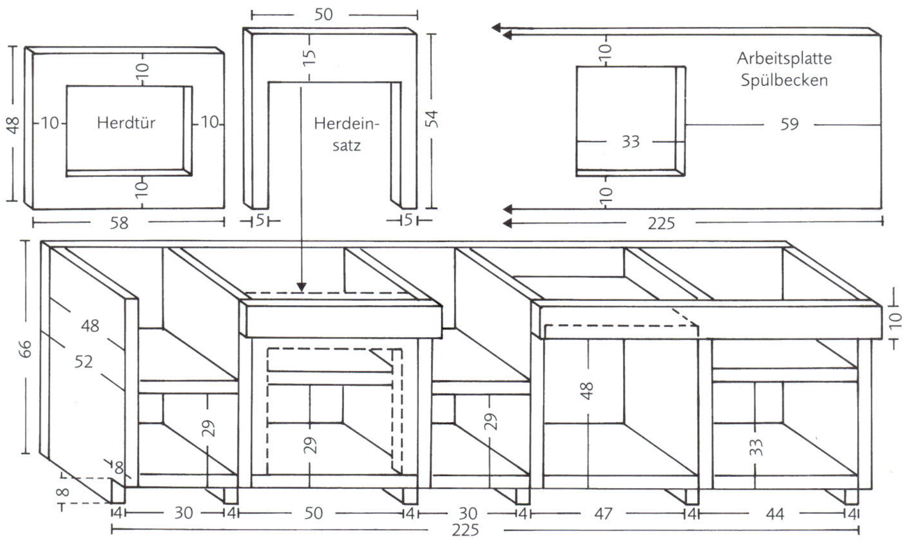

Alle Maßangaben in Millimeter

Tipp

Nehmen Sie vor dem Brennen die modellierten Teile aus dem Holzkorpus heraus; das Holz und die Verleimungen würden die hohen Temperaturen im Backofen nicht überstehen.

Tipp

Sie können unter der Spüle auch eine Waschmaschine einplanen. Legen Sie einen Vorhangring mittig auf die Tür und fahren Sie den Innendurchmesser mit einem Bleistift nach. Sägen Sie den Kreis aus und verschließen Sie das Loch von hinten mit Folie. Kleben Sie dann den Vorhangring auf die Vorderseite und die Tür auf den Korpus.

Das Spülbecken wird aus Modelliermasse gefertigt. Kneten Sie die Masse, bis sie weich und geschmeidig ist. Rollen Sie dann ein Stück 3 mm dick aus. Schneiden Sie ein 50 × 50 mm großes Rechteck aus; achten Sie auf rechtwinkelige Schnittverläufe.

Heben Sie das Rechteck auf und legen Sie es über den Ausschnitt in der Arbeitsplatte, so dass sich in der Mitte eine Vertiefung bildet. Drücken Sie im Bereich des Waschbeckenrandes die Modelliermasse mit sanftem Druck auf die Platte. Schneiden Sie überstehendes Material vorne und an den Seiten mit einem Bastelmesser ab und runden Sie die Schnittkanten sorgfältig mit einer schmalen Holzleiste.
Modellieren Sie einen Wasserhahn und drücken Sie ihn vorsichtig auf die rechte hintere Beckenecke. Für die Griffe formen Sie zwei Kugeln. Platzieren Sie sie unten am Wasserhahn und drücken Sie mit der Spitze eines Zahnstochers rundum ein Griffmuster hinein. Nehmen Sie das Becken aus dem Beckenausschnitt und härten Sie es im Backofen.
Lassen Sie nach dem Brennen das Objekt etwas abkühlen, setzen Sie es jedoch noch warm an den vorgesehenen Platz. Sobald das Teil völlig abgekühlt ist, kann man es problemlos wieder aus der Form heben und mit Lackfarben anmalen. Bemalen Sie das fertige Spülbecken mit silberner, die Kochfeldplatten mit schwarzer Farbe.

Das Tellerregal

Zuerst bauen Sie die beiden seitlichen Kästen. Messen Sie dazu auf den Innenseiten der Seitenteile ab der Bodenkante 27 mm nach oben. Ziehen Sie eine waagrechte Linie und leimen Sie die Fachbodenhölzchen unterhalb der Markierung auf. Leimen Sie das linke Seitenteil auf die Rückwand. Setzen Sie dann den Boden und den Fachboden an und leimen das rechte Seitenteil gegen. Setzen Sie die Deckplatte auf: Sie steht rechts und links je 4 mm und vorne 2 mm über.

Tipp

Wenn Sie jeweils einen 45 mm langen Fuß aus 5 mm starkem Rundholz unterhalb der Seitenkästen anbringen, können Sie das Regal auf die Küchenzeile stellen, ohne es mit der Küchenrückwand verkleben zu müssen.

Messen Sie für das Regalteil zwischen den Kästen an den entsprechenden Seitenteilen ab der Bodenkante jeweils 8 mm und 34 mm nach oben. Ziehen Sie waagrechte Linien und leimen Sie die Regalbretthölzchen unterhalb der Markierungen mit 4 mm Abstand zur Rückkante auf die Seitenteile auf. Befestigen Sie die Regalbretter auf den Regalbretthölzchen. Leimen Sie von hinten die Rückwand auf. Sie können das Tellerregal mit Klebstoff direkt an der Küchenrückwand befestigen oder wie im obenstehenden Tipp beschrieben aufstellen.

Fortsetzung der Tabelle von Seite 32

Bezeichnung	Anzahl	Länge in mm	Breite in mm
Material für das Tellerregal			
4 mm dickes Sperrholz			
Seitenteil	4 Stück	46	30
Rückwand	2 Stück	46	38
Deckplatte	2 Stück	46	36
Boden und Fachboden	4 Stück	30	30
Rückwand	1 Stück	141	30
Regalbrett	2 Stück	141	24
3 × 3 mm Modellbauleiste			
Fachbodenhölzchen	4 Stück	29	
Regalbretthölzchen	4 Stück	23	
5 mm Rundholz			
Fuß	2 Stück	ca. 45	
Material für die Kühlkombination			
4 mm dickes Sperrholz			
Zuschnitt für den Korpus und die Türen			
Seitenwand	2 Stück	150	48
Rückwand	1 Stück	150	54
Kühlschrankboden	1 Stück	46	48
Gefrierschrankdeckplatte	1 Stück	46	48
Gefrierschrankboden	1 Stück	46	48
Kühlschrankdeckplatte	1 Stück	54	52
Kühlschrankblende *über eine Längsseite eine leichte Rundung schneiden*	1 Stück	54	12
Tür	2 Stück	73	54
Türverstärkung Gefrierschrank	1 Stück	63	44
Fachboden Kühlschrank	2 Stück	46	40
Griff *in beliebiger Form*	2 Stück		
Zuschnitt für die Türfächer			
Seitenteil	6 Stück	5	10
Boden	3 Stück	36	5
Frontteil	3 Stück	44	10
Zuschnitt für die großen Schubläden			
Boden	2 Stück	37	32
Seitenteil	4 Stück	32	15
Rückteil	2 Stück	45	15
Frontteil *an einer Längskante mittig einen Eingriff herausschleifen oder aussägen*	2 Stück	45	20
Zuschnitt für die kleine Schublade			
Boden	1 Stück	37	32
Seitenteil	2 Stück	32	12
Rück- und Frontteil	2 Stück	45	12
3 × 3 mm Modellbauleiste			
Behelfshölzchen	10 Stück	40	
Material für den Küchentisch			
4 mm dickes Sperrholz			
Tischplatte	1 Stück	70	70
Tischgestell *Vorlage auf Seite 62*	2 Stück		
3 × 7 mm Modellbauleiste			
kurze Blende	2 Stück	58	
lange Blende	2 Stück	64	
Querholz	1 Stück	50	

Fortsetzung der Tabelle siehe S. 36

Tellerregal

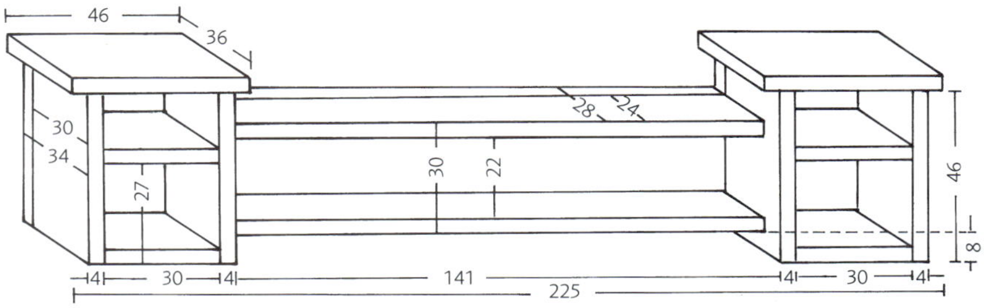

Alle Maßangaben in Millimeter

Die Kühlkombination

Schneiden Sie alle Teile gemäß der Materialliste zu. Legen Sie dann die beiden Seitenwände hochkant vor sich und übertragen Sie die Maße für die Fachhöhen und Schubladenführungen aus der Grafik auf das Holz. Ziehen Sie durch die Markierungen waagrechte Linien und leimen Sie die Behelfshölzchen unterhalb der Markierungen bündig zu den Rückkanten auf. Lassen Sie den Leim vollständig trocknen und befestigen Sie dann die linke Seitenwand auf der Rückwand. Passen Sie die Fachböden und den Boden des Kühlschranks sowie die Deckplatte und den Boden des Gefrierschranks ein

Kühlkombination

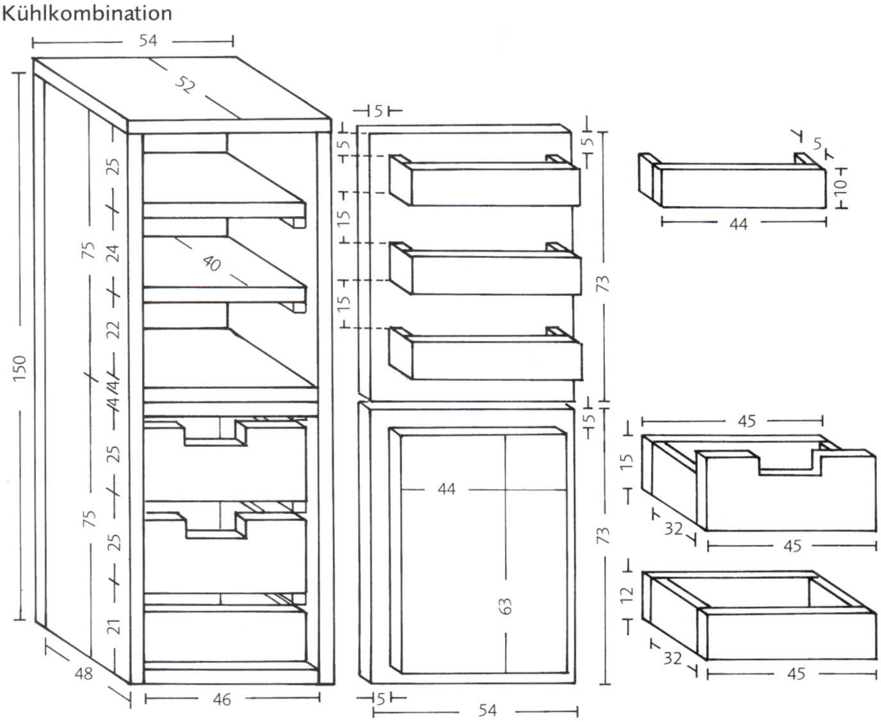

Alle Maßangaben in Millimeter

und setzen Sie die rechte Seitenwand dagegen. Achten Sie darauf, dass sie keine Teile irrtümlich auf die Schubladenführungen leimen. Tragen Sie Leim auf die Oberkanten der Seitenteile und der Rückwand auf und befestigen Sie die Deckplatte. Zuletzt wird die Schmuckblende auf die Vorderkante der Abdeckplatte gesetzt. Versehen Sie eine der Türen mit der Türverstärkung für den Gefrierschrank, sie muss genau ausgemittelt aufgeleimt werden.

Tipp

Sie können den Kühlschrank auch mit Füßen versehen. Schneiden Sie dazu 3 mm lange Stücke von der 3 × 3 mm starken Modellbauleiste ab und befestigen Sie die kleinen Holzwürfel auf der Unterseite der Kühlkombination.

Bauen Sie dann die Fächer für die Kühlschranktür zusammen. Setzen Sie die Seitenteile gegen den Boden und passen Sie das Frontteil kantenbündig an. Leimen Sie die Fächer mit einem seitlichen Abstand von 5 mm auf die Tür. Befestigen Sie die Türen mit 73 mm langen Stücken des Nahtbandes am Kühlschrank. Der Abstand der Türen zueinander sollte 2 mm betragen. Kleben Sie dann die Griffe auf.

Tipp

Aus der Kühlkombination lässt sich ganz einfach ein hübscher Schrank zaubern. Setzen Sie statt der Gefrierschrankschubladen Fachböden in den Korpus ein und verzichten Sie auf die Türverstärkung. Die kleinen Fächer in der Kühlschranktür sind dann auch unnötig.

Fortsetzung der Tabelle von Seite 34

Bezeichnung	Anzahl	Länge in mm	Breite in mm
Material für einen Hocker			
4 mm dickes Sperrholz			
Sitzfläche	1 Stück	32	32
Hockergestell *Vorlage auf Seite 62*	2 Stück		
3 × 3 mm Modellbauleiste			
kurze Blende	2 Stück	21	
lange Blende	2 Stück	27	
Querholz	1 Stück	13	
Material für die Bank			
4 mm dickes Sperrholz			
Sitzfläche	2 Stück	70	32
Bankgestell *Vorlage auf Seite 62*	2 Stück		
3 × 3 mm Modellbauleiste			
kurze Blende	2 Stück	27	
lange Blende	2 Stück	59	
Querholz	1 Stück	51	
Material für den Handtuchhalter			
3 × 3 mm Modellbauleiste			
Seitenteil	2 Stück	60	
Querstange	2 Stück	34	
4 × 4 mm Vierkantleiste			
Fuß *die oberen Ecken rund schleifen*	2 Stück	20	

Für die Gefrierschrankschubladen leimen Sie einfach die Seitenteile kantenbündig gegen die Böden. Setzen Sie dann die Vorder- und Rückteile dagegen. Wenn der Leim getrocknet ist, können Sie die Schubladen einschieben.

Die Bank

Legen Sie die Sitzfläche der Bank mit der Oberseite nach unten vor sich. Messen Sie rundum einen Abstand von 2,5 mm zur Mitte hin ab und verbinden Sie die Maßpunkte mit Linien. Leimen Sie zuerst die langen und dann die kurzen Blenden auf. Arbeiten Sie die Blenden bei eventuellen Ungenauigkeiten nach, bis sie perfekt sitzen. Befestigen Sie die Seitenteile, die sie zuvor nach der Schablone zugeschnitten haben, an der Innenseiten der kurzen Blenden. Platzieren Sie dann das beleimte Querholz zwischen den Seitenteilen.

Hocker und Bank

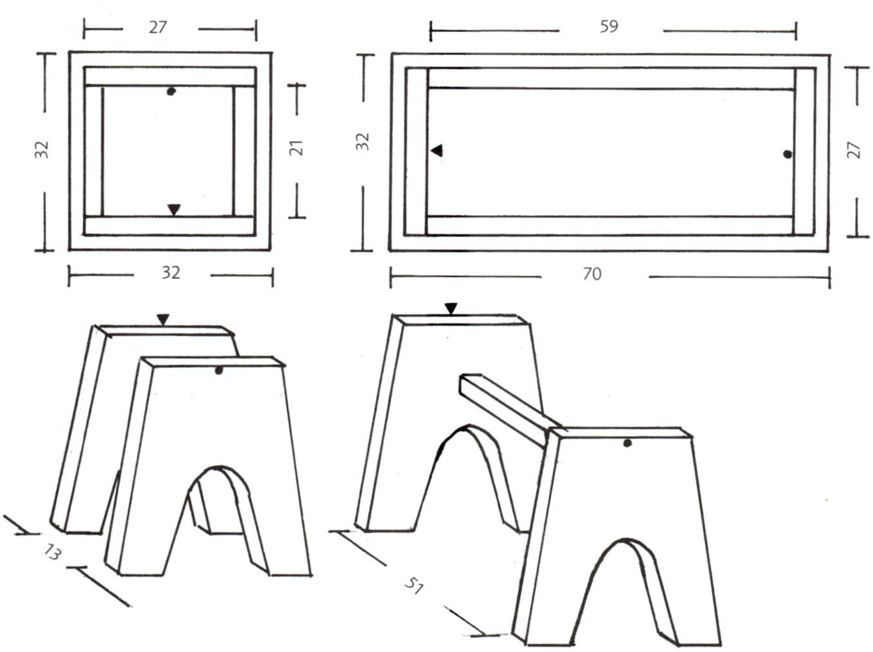

Alle Maßangaben in Millimeter

Tisch

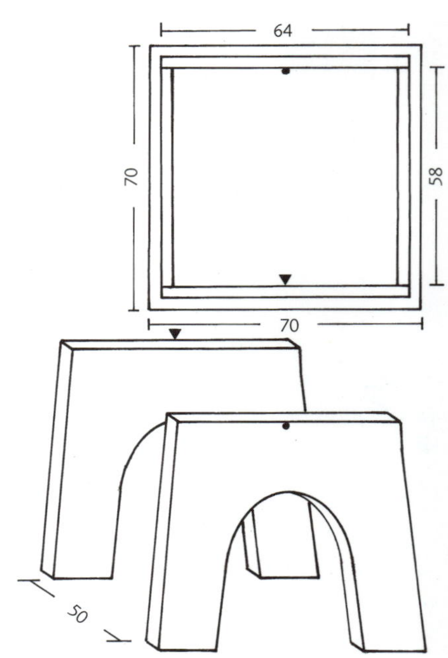

Alle Maßangaben in Millimeter

Tipp

Sie können eine zweite Bank als dekorative Blumenbank bauen. Stellen Sie einfach einen kleinen Blumenkasten darauf und platzieren Sie sie beispielsweise unter der Treppe.

Der Küchentisch

Schneiden Sie die Seitenteile für den Tisch gemäß der Vorlage zu. Legen Sie dann die Tischplatte vor sich und messen Sie auf der Unterseite rundum 3 mm zur Mitte hin ab. Leimen Sie zuerst die kurzen, dann die langen Blenden hochkant auf. Achten Sie auf genaue Passform. Danach befestigen Sie die beiden Teile für das Tischgestell mit etwas UHU coll express an den Innenseiten der langen Blenden und setzen das beleimte Querholz über dem Ausschnitt dazwischen.

Tipp

Die Länge des Tisches lässt sich individuell variieren. Beachten Sie dabei aber, dass Sie auch die kurzen Blenden und das Querholz um das gleiche Maß wie die Tischplatte verlängern müssen. Die Bank sollte an die Größe des Tisches angepasst sein.

Der Hocker

Der Hocker entspricht in seiner Bauart einer verkleinerten Version des Tisches. Legen Sie zunächst die Sitzfläche des Hockers mit der Unterseite nach oben vor sich. Markieren Sie entlang der Kanten einen Abstand von 2,5 mm zur Mitte. Verbinden Sie die Maßpunkte mit Hilfe eines Lineals oder Geodreiecks.

Tipp

Statt der eckigen Querhölzer können Sie auch 5 mm starke Rundhölzer zwischen die Seitenteile der Bank, des Tisches oder des Hockers setzen. Wenn Sie zwei weitere Querleisten ganz unten zwischen die Tischbeine leimen, haben Sie zusätzlich noch Fußstützen.

Setzen Sie entlang der Markierungen zuerst die langen und dann die kurzen Blendteile auf. Sollten die kurzen Blenden nicht ganz passen, müssen Sie sie mit etwas Schleifpapier nachbearbeiten. Schneiden Sie die Seitenteile nach der Vorlage zu. Beleimen Sie die oberen Kanten und setzen Sie die Seitenteile von innen an die langen Hockerblenden. Platzieren Sie zuletzt das beleimte Querholz zwischen die Seitenteile.

Tipp

Sie können die Sitzfläche des Hockers durchbohren und so mit einem Griffloch versehen. Er wirkt dann wie ein Bauernmöbel. Das Loch sollte aus Sicherheitsgründen aber vor dem Zusammenbau gebohrt werden. Wenn Sie sehr geschickt sind, können Sie mit der Laubsäge ein kleines Herz in das Sitzbrettchen sägen.

Der Handtuchhalter

Legen Sie die Seitenteile hochkant vor sich und markieren Sie beliebig die Lage der beiden Querstangen. Tragen Sie jeweils einen Tropfen Leim auf die Anschnitte der Querstangen und platzieren Sie die Zuschnitte zwischen den Seitenteilen. Am besten legen Sie das Gestell zum Trocknen auf eine Unterlage aus Plastik, damit das Werkstück nicht mit der Arbeitsfläche verklebt und beschädigt wird. Warten Sie, bis der UHU coll trocken ist und beleimen Sie dann die Unterseiten der Seitenteile. Setzen Sie das Gestell mittig auf die Fußteile und lassen Sie den Leim abbinden.

Tipp

Um dem Handtuchhalter eine besondere Note zu verleihen, können Sie zwei Perlen auf die Seitenteile kleben.

Handtuchhalter

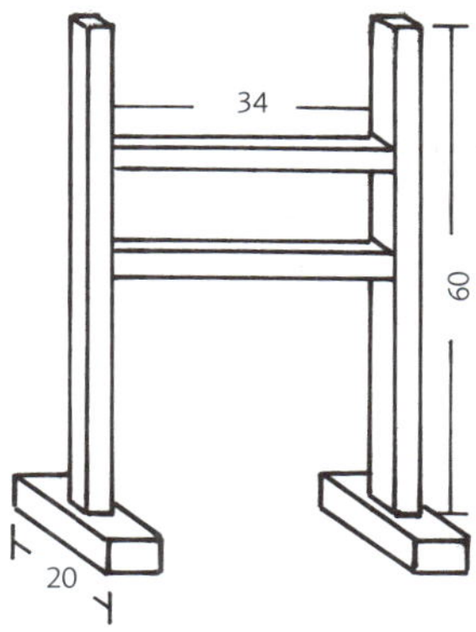

Alle Maßangaben in Millimeter

Schlaf-zimmer

Auch das Schlafzimmer ist im Landhausstil eingerichtet. Vor allem der Schrank mit seinen Wäschefächern und die Kommode mit ihren heraus-nehmbaren Schubladen bieten vielfältige Spielmöglichkeiten.

Materialliste für die Schlafzimmermöbel

Bezeichnung	Anzahl	Länge in mm	Breite in mm
Material für das Doppelbett			
4 mm dickes Sperrholz			
Kopf-/Fußende *Vorlage auf Seite 62*	2 Stück		
Bettkastenseitenteil	2 Stück	170	20
Rost	1 Stück	170	152
10 × 10 mm Quadratholzleiste			
Fuß	4 Stück	24	
3 × 3 mm Modellbauleiste			
Rostaufsatzleiste	2 Stück	132	
Rostaufsatzleiste	2 Stück	150	
Material für die Kommode			
4 mm dickes Sperrholz			
Zuschnitt Korpus:			
Boden	1 Stück	90	45
Rückwand	1 Stück	98	70
Seitenwand	2 Stück	70	45
Einlegeboden	3 Stück	90	45
Deckplatte *runden Sie diese an den vorderen Ecken ab*	1 Stück	102	55
Zuschnitt Schubladen:			
Boden	3 Stück	81	41
Seitenteil	6 Stück	41	15
Rückteil	3 Stück	89	15
Frontteil *runden Sie die Ecken leicht ab*	3 Stück	94	20
3 × 3 Modellbauleiste			
Einlegebodenleiste	6 Stück	40	
4 × 4 mm Modellbauleiste			
Fuß	4 Stück	4	

Fortsetzung der Tabelle siehe S. 40

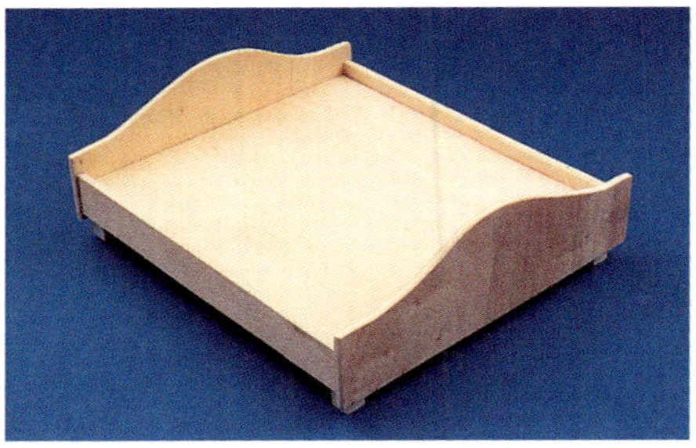

Das Doppelbett

Schneiden Sie das Kopf- und das Fußende des Doppelbetts nach der Vorlage zu. Tragen Sie jeweils an der Unterkante einen Abstand von 12 mm nach oben an und ziehen Sie durch jeden der markierten Punkte eine horizontale Linie. Legen Sie dann die Bettkastenseitenteile so vor sich, dass die Längsseite zu Ihnen zeigt. Messen Sie jeweils von der Unterkante aus 7 mm nach oben und ziehen Sie der Länge nach jeweils eine gerade Linie durch die Markierungen.

Tipp

Statt eines geschweiften Kopf- und Fußendes können Sie auch einfach zwei 160 × 35 mm große Rechtecke aus 4 mm dickem Sperrholz verwenden.

Leimen Sie nun oberhalb dieser Linien die Rostaufsatzleisten auf. Die 150 mm langen Leisten sind dabei für die Seitenteile bestimmt. Achten Sie darauf, dass die Leisten genau mittig sitzen, da die Bettfüße später dazwischen geleimt werden. Schneiden Sie die Leisten unter Umständen etwas kürzer zu. Leimen Sie den Rost auf die Seitenteile und setzen Sie Kopf- und Fußende dagegen. Wenn der Leim angezogen hat, werden die Füße befestigt. Drehen Sie dazu das Bett herum, geben Sie etwas UHU coll Holzleim express in die Ecken und setzen Sie die Füße zwischen die Rostaufsatzleisten.

Doppelbett

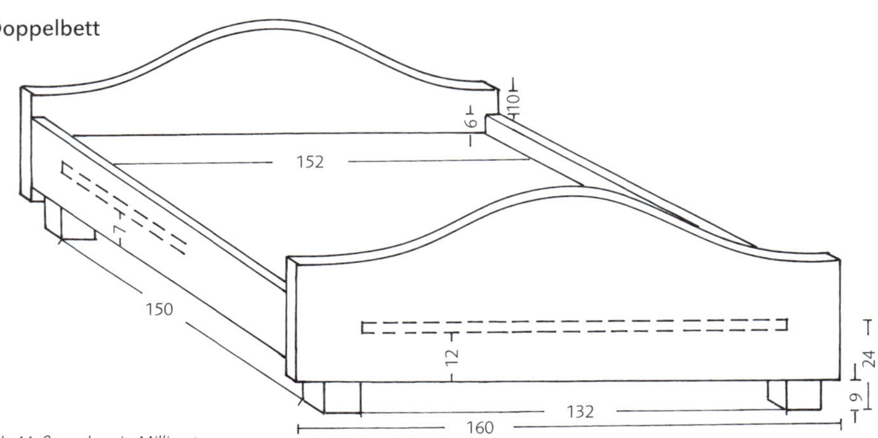

Alle Maßangaben in Millimeter

Die Kommode

Legen Sie die Seitenwände mit den Innenseiten nach oben nebeneinander. Ziehen Sie ab den Unterkanten alle 22 mm eine Linie. Leimen Sie unterhalb der Linien die Einlegebodenleisten auf. Setzen Sie die linke Seitenwand auf die Rückwand und leimen Sie den Boden und die Einlegeböden sowie die rechte Seitenwand auf. Lassen Sie den Leim vollständig trocknen.
Bestreichen Sie die Unterseite der Deckplatte gleichmäßig mit Leim. Drücken Sie sie auf die Oberseite des Korpusses. Sie sollte hinten bündig sein und rechts sowie links 2 mm und vorne 6 mm über den Kommodenkorpus hinausstehen. Wenn der Leim getrocknet ist, stellen Sie die Kommode auf den Kopf und befestigen die Füße. Bringen Sie dazu je einen Tropfen UHU coll auf jede der vier Ecken und setzen Sie die Füßchen auf.

Tipp

Um das Möbelstück beim Verleimen in Form zu halten, können Sie Gummibänder um den Korpus legen. Achten Sie darauf, dass der Gummi nicht zu straff ist. Er soll nur halten und nicht ziehen. Ist der Zug zu stark, kann es passieren, dass das Stück kollabiert oder schief verleimt wird.

Kommode

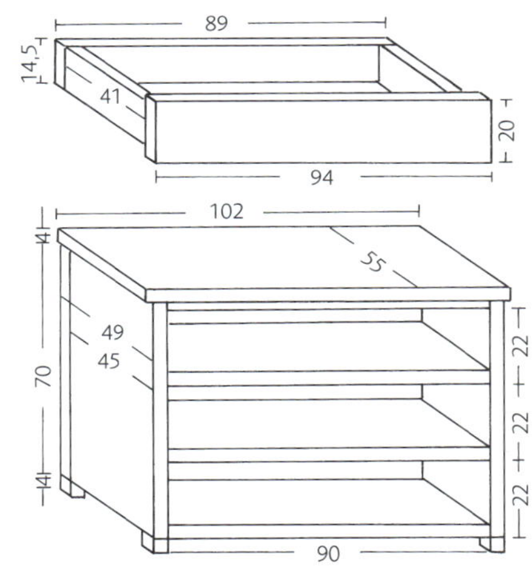

Alle Maßangaben in Millimeter

Tipp

Statt der würfelförmigen Füße können Sie auch kleine Holzperlen verwenden. Die Kommode wirkt dann verspielter.

Legen Sie für den Bau einer Schublade einen Boden vor sich. Leimen Sie zuerst die Seitenteile gegen die Schmalseiten des Bodens. Auf der Unterseite muss alles bündig sein. Bringen Sie auf den hinteren Kanten Holzleim auf und passen Sie dann das Rückteil an. Lassen Sie den Leim gut trocknen. Überprüfen Sie dann, ob die Schublade in die Kommode passt.

Tipp

Wenn Ihnen die Griffe der Schubladen zu schlicht sind, können Sie wie bei den Zimmertüren kleine Holzperlen mit Leim und Messingschrauben befestigen.

Falls die Lade klemmt oder sich nicht einschieben lässt, müssen Sie etwas Material von der Oberseite der Schublade abnehmen. Legen Sie dazu ein Blatt Schleifpapier auf ein ebene Fläche und setzen Sie die Lade mit der Oberseite nach unten darauf. Halten Sie das Papier mit der einen Hand gut fest und führen Sie mit der anderen die Schublade in kreisenden Bewegungen vorsichtig darüber. Meist genügt es einen halben Millimeter abzuschleifen. Überprüfen Sie erneut den Sitz. Erst wenn die Schublade sich einwandfrei bewegen lässt, wird das Frontteil montiert. Leimen Sie es bündig zur Unterkante des Bodens auf. An den Seiten muss es jeweils 2,5 mm überstehen. Zuletzt werden die Griffe aufgeleimt.

Tipp

Bei der Kommode ist es besonders wichtig, dass kein Leim aus den Fugen heraustritt. Die Schubladen müssen nämlich auf den halben Millimeter genau sitzen. Entfernen Sie deshalb Leimreste besonders gründlich.

Fortsetzung der Tabelle von Seite 38

Bezeichnung	Anzahl	Länge in mm	Breite in mm
5 mm Rundholz			
Schubladengriff	6 Stück	3	
Material für den Spiegelaufsatz			
4 mm dickes Sperrholz			
Rückwand *runden Sie die oberen Ecken ab*	1 Stück	80	60
Ablage *runden Sie die vorderen Ecken ab*	1 Stück	80	7
5 mm Rundholz			
Fuß	2 Stück	15	
ovaler Taschenspiegel	1 Stück	ca. 70	
Material für den Schrank			
4 mm dickes Sperrholz			
Boden	1 Stück	120	50
Rückwand	1 Stück	170	128
Seitenwand	2 Stück	170	50
Trennwand	2 Stück	166	50
Deckplatte	1 Stück	131	60
Einlegeboden	5 Stück	40,5	49
Fachboden	4 Stück	31	49
Tür	2 Stück	170	48,5
4 x 4 mm Modellbauleiste			
Fuß	4 Stück	4	
5 mm Rundholz			
Türgriff	2 Stück	3	
3 x 3 mm Modellbauleiste			
Behelfshölzchen	18 Stück	45	
Schaschlikspieß			
Kleiderstange	2 Stück	40,5	
Haushaltsband, Klettband als Türverschluss			

Der Spiegelaufsatz

Mit diesem Spiegelaufsatz lässt sich die Schlafzimmerkommode perfektionieren. Legen Sie die Rückwand so vor sich, dass eine Längskante zu Ihnen zeigt. Nehmen Sie das Ablagebrett und tragen Sie etwas UHU coll auf die hintere Längskante auf. Leimen Sie die Ablage kantenbündig auf die Rückwand. Legen Sie den ovalen Taschenspiegel probeweise auf und bestimmen Sie die Position, in der Sie ihn fixieren wollen. Mit etwas UHU ALLESKLEBER oder doppelseitigem Klebeband können Sie ihn dann aufkleben.

Tipp

Sie können statt eines ovalen auch einen rechteckigen oder runden Taschenspiegel verwenden. Achten Sie aber immer darauf, dass der Spiegel nicht über die Rückwand hinaussteht. Falls Sie ganz auf einen Spiegel aus Glas verzichten wollen, können Sie auch Aluminiumfolie oder selbst klebende Spiegelfolie verwenden.

Spiegelaufsatz

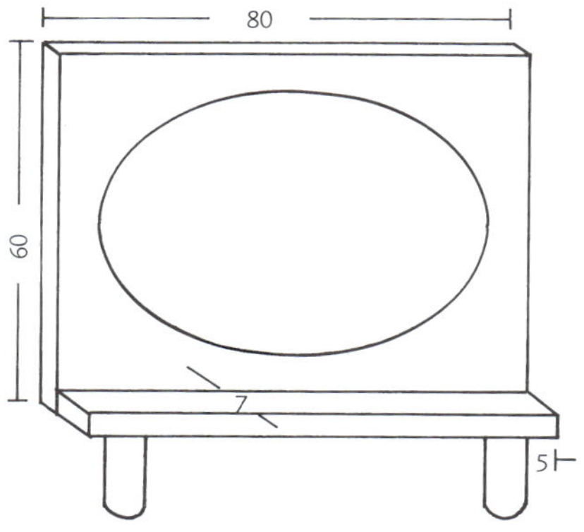

Alle Maßangaben in Millimeter

Leimen Sie zuletzt die Füße unter die Ablage. Sie sollten mittig zwischen Vorder- und Rückkante und zu den Seiten 5 mm nach innen versetzt platziert werden.

Der Schrank

Legen Sie die Seiten- und Trennwände hochkant vor sich. Die Teile sollten in der Reihenfolge ihrer späteren Verwendung liegen. Markieren Sie gemäß der Grafik die Position der Fachböden. Die Trennwände müssen dabei einmal gewendet werden, damit Sie die Lage der Wäschefächer angeben können. Leimen Sie die Behelfshölzchen unterhalb der Markierungslinien auf. Bringen Sie etwas Leim auf die Rückkante der linken Seitenwand und platzieren Sie sie bündig auf der Rückwand. Setzen Sie den Boden, die Einlegeböden und die erste Trennwand dagegen. Achten Sie darauf, dass jeweils die entsprechenden Kanten beleimt sind. Die Einlegeböden stehen einen Millimeter zurück. Leimen Sie nun die Fachböden des mittleren Segments gegen die erste Trennwand und passen Sie die zweite Trennwand ein. Die beiden Einlegeböden des dritten Segments werden gegen die zweite Trennwand gesetzt und die Seitenwand auf die Rückwand, den Boden und gegen die Fächer geleimt. Lassen Sie das Ganze trocknen.

Tipp

Entfernen Sie hervortretenden Leim mit einem feinen Stemmeisen. Warten Sie dazu einige Minuten, bis der Leim etwas zäh geworden ist und führen Sie dann das Eisen flach an der entsprechenden Kante entlang. Merke: Ist der Leim hart geworden, lässt er sich nur schwer entfernen.

Stellen Sie den Korpus vor sich und tragen Sie Leim auf die Oberkanten der Rückwand sowie der Trenn- und Seitenwände auf. Legen Sie dann die Deckplatte auf. Sie muss rechts und links 1,5 mm und vorne 6 mm überstehen. Setzen Sie die Kleiderstangen ein. Tragen Sie dazu etwas UHU coll express auf die Enden der Schaschlikspieße und setzen Sie sie an die von Ihnen gewünschte Position. Auf jeden Fall sollten Sie den Sitz der Stangen vor dem Beleimen überprüfen, um Über- oder Untermaß zu korrigieren. Stellen Sie den Schrankkorpus auf den Kopf und setzen Sie auf jede Ecke einen Leimpunkt. Befestigen Sie die würfelförmigen Füße an den Ecken.

Tipp

Bei der Wahl der Füße haben Sie viele Variationsmöglichkeiten. Statt der würfelförmigen Füße können Sie auch 4 mm lange Abschnitte eines 5 mm starken Rundholzes verwenden.

Komplettiert wird der Schrank durch die Türen. Schneiden Sie vom Haushaltsband zwei Streifen mit je 170 mm ab. Tragen Sie etwas Leim auf die Kanten der Seitenwände und drücken Sie das Nahtband darauf. Das Band muss zur Innenkante hin bündig sein. Nach dem Trocknen des Leims klappen Sie das Gewebe um und bestreichen den Umschlag vorsichtig mit Leim. Das Band darf nicht durchtränkt werden. Legen Sie die Türen an die vorgegebenen Positionen und lassen Sie den Leim trocknen.
Zuletzt werden die Türgriffe und der Verschluss angebracht. Befestigen Sie die Griffe einfach mit etwas Leim auf den Türen. Die Klettbandstreifen für den Verschluss werden auf die Trennwände und die Türen geklebt.

Tipp

Der Schlafzimmerschrank ist eines der Möbel, die sich auf die vielfältigste Weise variieren lassen. So kann man beispielsweise größere Türen anbringen, oder eine geschweifte Bekrönung aufsetzen und die Türen mit Spiegelfolie bekleben.

Schrank

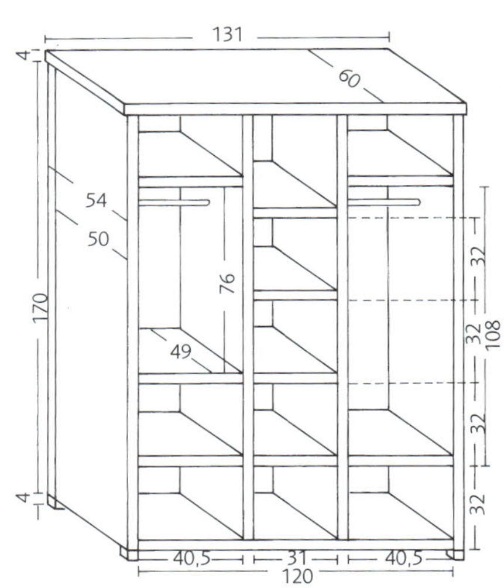

Alle Maßangaben in Millimeter

Bade-zimmer

In diesem komfortabel ausgestatteten Badezimmer wird sich die Puppenfamilie gerne aufhalten. Die Wanne, das Waschbecken und die Toilette werden aus Modelliermasse geformt.

Materialliste für die Badezimmerausstattung

Bezeichnung	Anzahl	Länge in mm	Breite in mm
Material für den Waschtisch			
4 mm dickes Sperrholz			
Seitenteil	2 Stück		
Vorlage auf Seite 63			
Tischplatte	1 Stück	75	50
Frontabschluss	1 Stück	67	10
Ablageboden	1 Stück	67	43
hinterer Tischplattenabschluss	1 Stück	60	10
3 × 3 mm Modellbauleiste			
Fachbodenhölzchen	2 Stück	45	
Modelliermasse, Acryllack in Weiß und Silber			
Material für den Spiegelaufsatz			
4 mm dickes Sperrholz			
Rückwand	1 Stück	75	60
Ablagebrett	1 Stück		
Vorlage auf Seite 63			
3 × 3 mm Modellbauleiste			
Fuß	2 Stück	24	
1 Taschenspiegel, Durchmesser ca. 50 mm			
Material für die Badewanne			
10 mm dickes Sperrholz			
Korpusteil	4 Stück	135	60
Mustertapete in Marmoroptik, Modelliermasse, Acryllack in Weiß und Silber			
Material für den ovalen Tisch			
4 mm dickes Sperrholz			
Tischplatte	1 Stück		
Vorlage auf Seite 63			
Tischgestell	1 Stück	44	40
5 mm Rundholz			
Tischbein	1 Stück	44	

Fortsetzung der Tabelle siehe S. 44

Der Waschtisch

Fertigen Sie eine Schablone für die Seitenteile und übertragen Sie die Form zweimal auf das Sperrholz. Für die Position der Hilfsleisten messen Sie auf der Innenseite ab der Bodenkante 29 mm nach oben und leimen die Fachbodenhölzchen unterhalb der Markierung auf. Schneiden Sie die Tischplatte gemäß der Grafik U-förmig zu. Leimen Sie den Ablageboden und den Frontabschluss zwischen die Seitenteile und setzen Sie die Tischplatte auf. Für den hinteren Plattenabschluss leimen Sie das entsprechende Zuschnittteil mittig auf.

Kneten Sie die Modelliermasse, bis Sie weich und geschmeidig ist. Rollen Sie dann ein Stück Modelliermasse 3 mm dick aus. Schneiden Sie ein 75 × 50 mm großes Rechteck aus; achten Sie auf rechtwinklige Schnittverläufe. Heben Sie das Rechteck auf und legen Sie es über den Tischplattenausschnitt, so dass sich in der Mitte eine Mulde bildet. Drücken Sie im Bereich des Waschbeckenrandes die Modelliermasse mit sanftem Druck auf die Platte. Schneiden Sie überstehendes Material vorne und an den Seiten mit einem Bastelmesser ab und runden Sie die Schnittkanten mit einer schmalen Holzleiste. Modellieren Sie einen Wasserhahn und drücken Sie ihn vorsichtig auf den hinteren Beckenrand. Für die Griffe formen Sie zwei Kugeln. Platzieren Sie sie neben dem Wasserhahn und drücken Sie mit der Spitze eines Zahnstochers rundum ein gleichmäßiges Griffmuster hinein. Nehmen Sie die Form aus dem Beckenausschnitt und härten Sie das Stück im Backofen.

Waschtisch

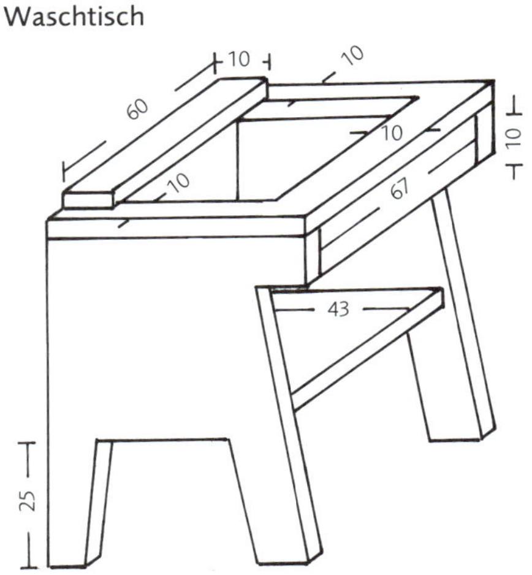

Alle Maßangaben in Millimeter

Tipp

Wenn Sie ein modelliertes Teil einige Zeit an einem kühlen Ort ruhen lassen, wird das Material etwas fester und das Stück lässt sich zum Härten leichter aus dem Möbelkorpus nehmen. Heben Sie es dazu an den Kanten vorsichtig mit einem Messer an und stürzen Sie es dann in die hohle Hand.

Tipp

Das Bad wirkt sehr luxuriös, wenn Sie den Waschtisch mit zwei Becken versehen. Messen Sie hierzu die passende Wandbreite aus und korrigieren Sie die Zuschnittmaße entsprechend. Versehen Sie die Tischplatte dann mit zwei rechteckigen Ausschnitten. Der Spiegelaufsatz muss entsprechend verbreitert werden.

Der Spiegelaufsatz

Geben Sie Leim auf die Unterkante der Rückwand und setzen Sie diese bündig entlang der geraden Kante auf das Ablagebrett. Nachdem der Leim angezogen hat, platzieren Sie die Standbeine unter dem Ablagebrett: Mitteln Sie die Schmalseiten aus und setzen Sie die Füße kantenbündig auf. Zuletzt kleben Sie den Spiegel mit UHU ALLESKLEBER oder doppelseitigem Klebeband mittig auf die Rückwand.

Tipp

Um ein Verformen der Teile im Backofen zu vermeiden, können Sie sich vor dem Härten eine Behelfsform aus Alufolie, die das Stück aufnimmt und vor Beschädigungen schützt, anfertigen.

Spiegelaufsatz

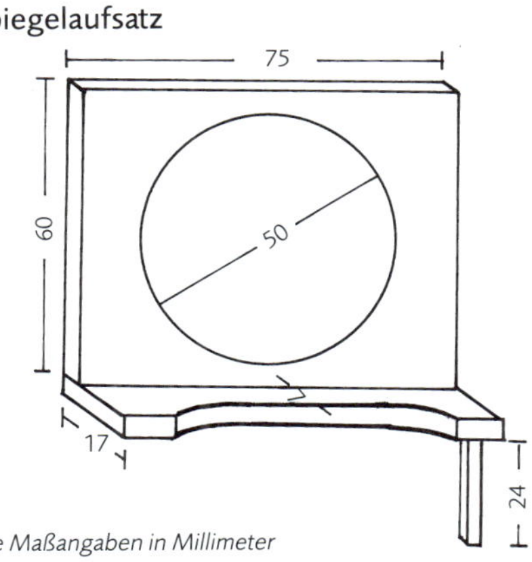

Alle Maßangaben in Millimeter

Fortsetzung der Tabelle von Seite 42

Bezeichnung	Anzahl	Länge in mm	Breite in mm
3 × 3 mm Modellbauleiste			
Behelfshölzchen	1 Stück	30	
Material für das Beistellregal			
4 mm dickes Sperrholz			
oberes Ablagebrett	1 Stück	100	20
Fachbrett	1 Stück	80	16
Seitenteil	2 Stück	50	16
3 × 3 mm Modellbauleiste			
Fachbretthölzchen	2 Stück	15	
Material für die Toilette			
4 mm dickes Sperrholz			
Rückwand	1 Stück	100	80
Toilettenbrille *Vorlage auf Seite 63*	1 Stück		
Deckel *Vorlage auf Seite 63*	1 Stück		
10 mm dickes Sperrholz			
Podest	1 Stück	100	80
Spülkasten	1 Stück	30	25
5 mm dickes Sperrholz			
Spülrohr *Vorlage auf Seite 63*	1 Stück		
Spülkastenhebel	1 Stück	2	5
Mustertapete wie bei der Badewanne, Modelliermasse, Acryllack in Weiß und Silber			

Die Badewanne

Fertigen Sie für die Badewanne eine Schablone nach der Vorlage von Seite 63. Übertragen Sie die Form auf die Holzzuschnitte und sägen Sie die Teile aus. Leimen Sie die Teile bündig aufeinander. Runden Sie nach Abbinden des Leimes die oberen Längs- und Querkanten sowie die Innenkante mit Schleifpapier etwas ab. Übertragen Sie die Form der Schablone auf die Mustertapete und geben Sie außen rundum 5 mm zu. Schneiden Sie die Tapete zu und streichen Sie die linke Papierseite flächig mit Leim ein. Kleben Sie das Stück ausgemittelt auf die Oberseite der Wanne. Schneiden Sie das Papier an den Ecken ein und streifen Sie die überstehenden Kanten über die Außenseiten. Schneiden Sie nun einen 400 mm langen und 40 mm breiten Streifen aus der Tapete. Bestreichen Sie das Papier auf der Rückseite mit Leim und umkleiden Sie damit die Außenseite des Korpusses.

Zum Formen der Badewanne benötigen Sie ein ca. 175 × 95 mm großes Rechteck aus Modelliermasse. Modellieren Sie die Wanne wie beim Waschbecken beschrieben. Setzen Sie den Wasserhahn auf die hintere rechte Ecke der Wanne und vergessen Sie den Stöpsel nicht.

Badewanne

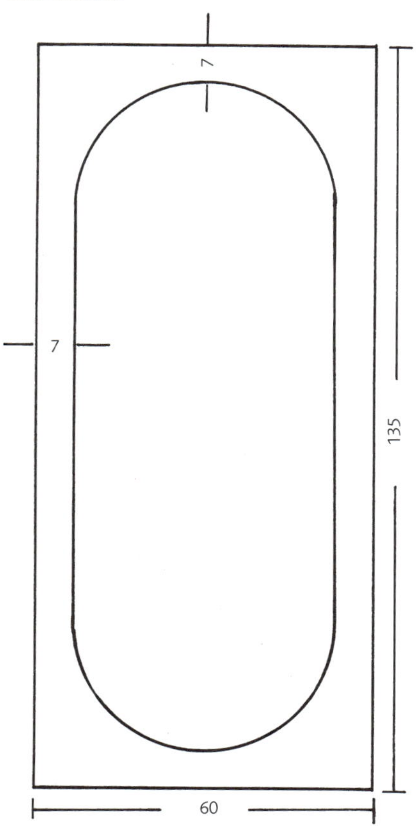

Alle Maßangaben in Millimeter

Tipp

Sie können Teile wie das Waschbecken oder die Badewanne auch aus lufthärtender Modelliermasse formen. Das hat den Vorteil, dass Sie die modellierten Objekte nicht mehr aus dem Holzkorpus herausnehmen müssen. Nach dem Durchtrocknen muss man die Flächen jedoch mit Schleifpapier nachbearbeiten.

Der ovale Tisch

Fertigen Sie eine Schablone und schneiden Sie nach ihr die Tischplatte aus. Falten Sie die Papierschablone einmal längsseits und übertragen Sie die so ermittelte Symmetrieachse auf den Holzzuschnitt. Markieren Sie entlang dieser Linie von der einen Seite aus einen Abstand von 20 mm und von der anderen Seite von 15 mm. Ziehen Sie an der 20-mm-Markierung eine Linie, die zur Mittelachse im 90°-Winkel steht. Leimen Sie das Behelfshölzchen dahinter auf. Befestigen Sie den Zuschnitt für das Tischgestell vor dem Hölzchen. Leimen Sie dann das Rundholz auf die 15-mm-Markierung.

Ovaler Tisch

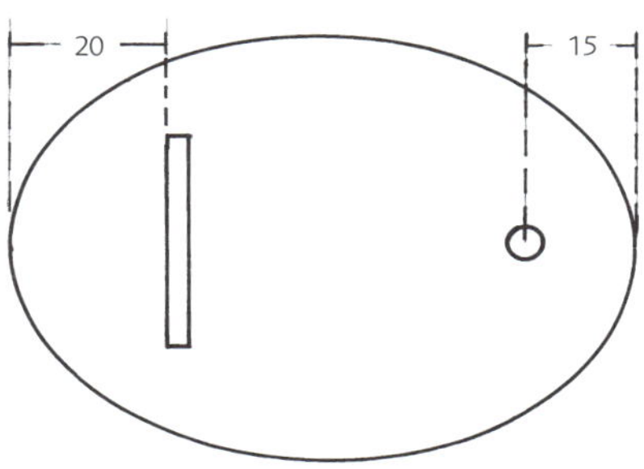

Alle Maßangaben in Millimeter

Das Beistellregal

Messen Sie von der Unterkante der Seitenteile 21 mm nach oben. Ziehen Sie an der Stelle jeweils eine waagrechte Linie und leimen Sie die Fachbretthölzchen darunter auf. Wenn der Leim angezogen hat, tragen Sie UHU coll auf das Fachbrett auf und platzieren es zwischen den Seitenteilen. Geben Sie etwas Holzleim auf die Oberkante der Seitenteile und setzen Sie das obere Ablagebrett auf.

Beistellregal

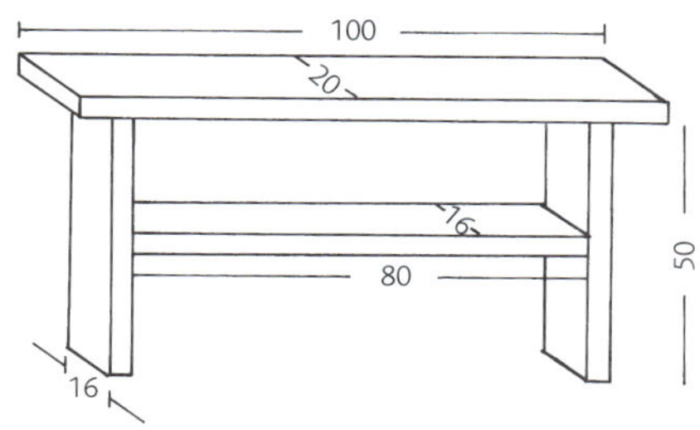

Alle Maßangaben in Millimeter

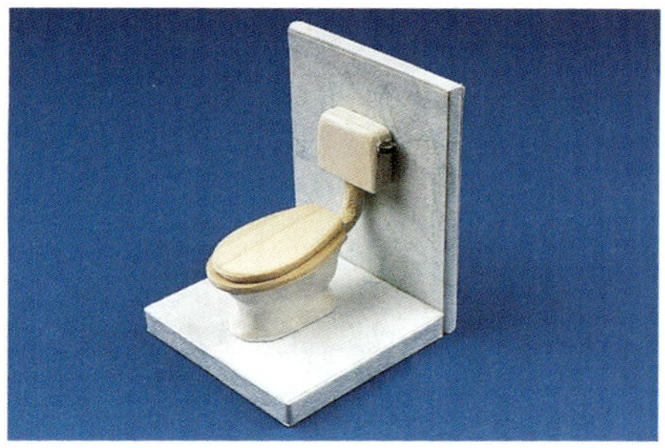

Die Toilette

Schneiden Sie aus der Mustertapete einen 370 × 20 mm und einen 370 × 15 mm großen Streifen aus. Bestreichen Sie die Streifen von hinten mit Leim und kleben Sie sie auf die Kanten von Podest und Rückwand. Bevor Sie das überstehende Papier auf die Flächen streifen, schneiden Sie es an den Ecken ein. Legen Sie Podest und Rückwand auf die Tapete und schneiden Sie jeweils zwei Stücke in der entsprechenden Größe aus. Bestreichen Sie die Tapetenstücke mit Leim und überkleben Sie die Holzflächen. Nachdem der Leim getrocknet ist, kleben Sie das Podest an der Schmalseite im rechten Winkel gegen die Rückwand.

Fertigen Sie Schablonen für den Toilettendeckel und das Spülrohr an. Übertragen Sie die Formen auf das Sperrholz und schneiden Sie sie aus. Runden Sie die Kanten des Spülrohrs ab und schleifen Sie die Ecken des Spülkastens und des Spülhebels rund. Platzieren Sie den Hebel seitlich auf dem Spülkasten. Das Spülrohr leimen Sie mittig darunter. Malen Sie den gesamten Spülkasten weiß an. Verbinden Sie die Toilettenbrille und den Deckel mit einem Stück Haushaltsband. Legen Sie dazu beide Teile aufeinander, so dass die Rückkanten bündig sind. Kleben Sie das Band darüber.

Modellieren Sie die Toilette aus einer etwa 30 mm großen Modelliermassekugel. Drücken Sie sie fest auf eine Unterlage und formen Sie den Fuß der Toilette. Arbeiten Sie dann von der Mitte aus die Beckenwand. Mit einem Bleistift drücken Sie die Vertiefung für den Wasserablauf hinein. Überprüfen Sie beim Modellieren immer wieder die Beckengröße, indem Sie die Toilettenbrille mit Deckel auflegen. Um einen geraden Beckenabschluss zu erhalten, schneiden Sie den oberen Rand mit einem Bastelmesser zu. Brennen Sie die Toilette im Backofen und kleben Sie danach die Brille auf.

Befestigen Sie den Spülkasten so auf der Rückwand, dass das Spülrohr etwa 2 mm unterhalb des Toilettenbeckenrandes auftrifft. Geben Sie UHU coll express auf das Ende des Spülrohrs und auf die Bodenfläche der Toilette. Drücken Sie die Toilettenschüssel so auf das Podest, dass das Spülrohr hinten auf die Toilette trifft.

Toilette

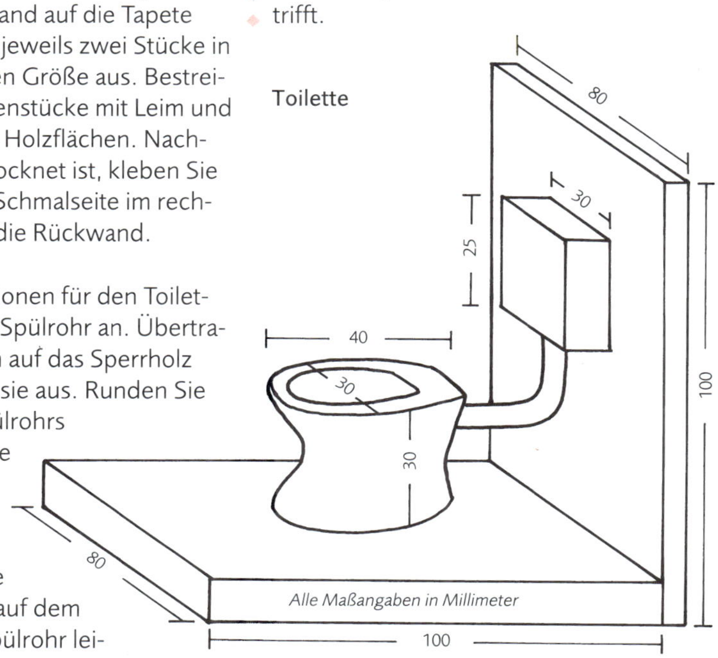

Alle Maßangaben in Millimeter

Jugend-zimmer

Das Zimmer unter dem Dach ist schon etwas Besonderes. Auf der großen Spielfläche kann man viel Mobiliar unterbringen. Blickfang ist natürlich das Himmelbett. Der Betthimmel wird durch zwei Fäden gehalten, die zwischen den Dachbalken befestigt werden.

Materialliste für die Jugendzimmereinrichtung

Bezeichnung	Anzahl	Länge in mm	Breite in mm
Material für das Himmelbett			
4 mm dickes Sperrholz			
Untergestell	2 Stück	150	23
Untergestell	2 Stück	75	23
Kopf-/Fußende	2 Stück	83	40
Bettkasten-Seitenteil	2 Stück	158	20
Rost	1 Stück	158	75
4 mm Rundholz			
Stange für den Betthimmel	1 Stück	85	
Material für den Hochschrank			
4 mm dickes Sperrholz			
Boden	1 Stück	85	50
Rückwand	1 Stück	200	93
Seitenwand	2 Stück	200	50
Trennwand	1 Stück	196	50
Deckplatte	1 Stück	97	60
Fachboden	5 Stück	40,5	49
Tür	2 Stück	199	47
3 × 3 mm Modellbauleiste			
Türgriff	2 Stück	15	
Fachbodenhölzchen	10 Stück	45	
Schaschlikspieß			
Kleiderstange	1 Stück	40,5	
Nahtband, Klettband als Türverschluss			
Material für das Regal			
4 mm dickes Sperrholz			
Rückwand	1 Stück	82	62
Seitenteil	2 Stück	70	23
Mittelteil	1 Stück	66	23
Deckplatte	1 Stück	74	23
Fachboden	4 Stück	35	23

Fortsetzung der Tabelle siehe S. 48

Das Himmelbett

Leimen Sie die Teile des Untergestells auf den Rost. Tragen Sie dazu UHU coll auf die Längskanten der kurzen Teile und platzieren Sie sie bündig mit den Rostkanten. Danach leimen Sie die langen Zuschnittteile dazwischen. Warten Sie, bis der Leim getrocknet ist. Messen Sie von der Unterkante des Gestells aus 13 mm nach oben und ziehen rundum eine gerade Linie. Leimen Sie die Seitenteile oberhalb dieser Linie auf das Bettgestell. Zuletzt passen Sie das Kopf- und Fußende entsprechend an.
Fertigen Sie den Betthimmel wie auf Seite 53 beschrieben. Nachdem Sie die Stange für den Betthimmel durch den Stoff geschoben und diesen fixiert haben, knoten Sie an die Stangenenden jeweils ein Stück dünne Schnur. Wählen Sie nun den Platz, an dem Sie das Bett aufstellen möchten. Leimen Sie eine 165 mm lange, 5 × 5 mm starke Leiste zwischen die Dachbalken und befestigen Sie daran die Schnüre. Der Himmel sollte den Boden nur leicht streifen.

Bett

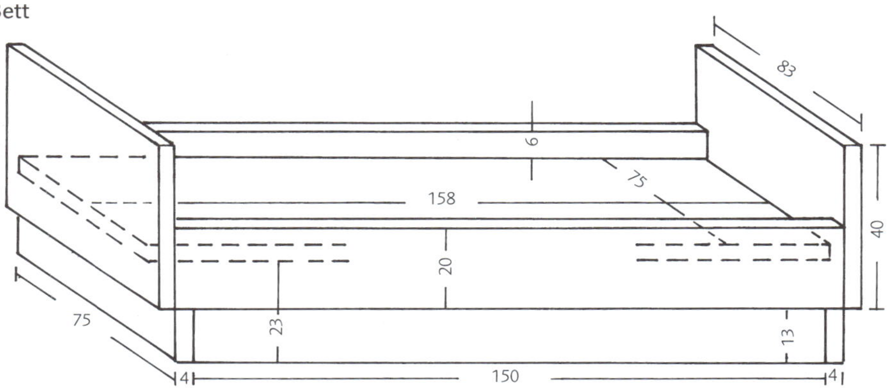

Alle Maßangaben in Millimeter

Der Hochschrank

Markieren Sie gemäß der Grafik auf den Seiteninnenwänden und auf der Trennwand die Position der Fachböden. Leimen Sie unterhalb der Markierungen die Fachbodenhölzchen auf. Legen Sie die Position der Kleiderstange fest. Befestigen Sie zuerst die linke Seitenwand, die Trennwand und den Boden auf der Rückwand; setzen Sie dabei den oberen Fachboden mit ein. Die übrigen Fachböden können Sie ohne Leim einschieben oder festleimen. Nachdem Sie auch das rechte Seitenteil und den Fachboden festgeleimt und die Kleiderstange eingesetzt haben, leimen Sie die Deckplatte auf. Sie muss rechts und links je 2 mm, vorne 6 mm überstehen. Bringen Sie die Türen an. Verwenden Sie dabei das Nahtband als Türscharnier. Platzieren Sie die Griffe

Hochschrank

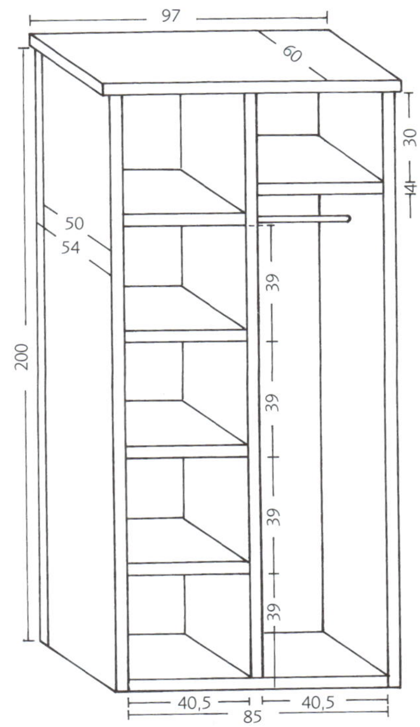

Alle Maßangaben in Millimeter

in einer Höhe von etwa 85 mm auf der Tür. Als Türverschluss können Sie schmale Streifen Klettband aufkleben.

Das Regal

Markieren Sie gemäß der Grafik auf den Seitenteilen und dem Mittelteil die Position der Fachböden. Leimen Sie die Hölzchen unterhalb der Markierungen auf. Setzen Sie das beleimte linke Seitenteil und die Deckplatte auf die Rückwand. Beachten Sie, dass die Rückwand oben bündig abschließt. Leimen Sie die Fachböden und das Mittelteil dagegen. Setzen Sie die rechten Fachböden ein und leimen Sie das rechte Seitenteil auf.

Regal

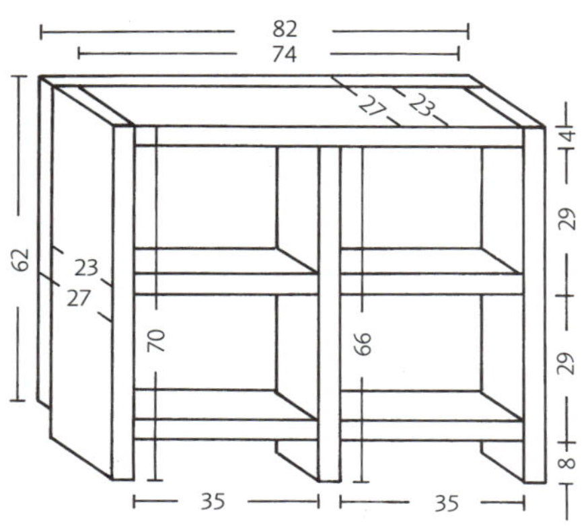

Alle Maßangaben in Millimeter

Der Schreibtisch

Beginnen Sie mit dem Schreibtischkorpus. Markieren Sie die Fachbodenposition auf den Unterschrankseiten. Leimen Sie Fachbodenhölzchen unterhalb der Markierungen auf. Platzieren Sie die beleimten Unterschrankseiten, den Boden und den Fachboden auf der Rückwand. Leimen Sie die Schubladenführungen auf den Fachboden. Tragen Sie UHU coll auf das rechte Seitenteil auf und platzieren Sie es ganz rechts auf der Rückwand. Setzen Sie die Tischplatte auf. Sie muss hinten und an den Seiten bündig sein.

Für die Schublade leimen Sie zuerst die Seitenteile gegen den Boden. Passen Sie dann Vorder- und Rückteil an. Befestigen Sie zuletzt den Griff.

Fortsetzung der Tabelle von Seite 46

Bezeichnung	Anzahl	Länge in mm	Breite in mm
3 x 3 mm Modellbauleiste			
Fachbodenhölzchen	8 Stück	22	
Material für den Schreibtisch			
4 mm dickes Sperrholz			
Zuschnitt Schreibtisch:			
Rückwand	1 Stück	100	60
Tischplatte	1 Stück	100	59
Unterschrankseite	2 Stück	60	50
rechtes Seitenteil	1 Stück	60	50
Boden/Fachboden	2 Stück	33	50
Zuschnitt Schublade:			
Boden	1 Stück	46	24
Seitenteil	2 Stück	46	10
Rückteil	1 Stück	32	10
Frontteil	1 Stück	41	12
3 x 3 mm Modellbauleiste			
Fachbodenhölzchen	2 Stück	49	
Schubladenführung	2 Stück	49	
Schubladengriff	1 Stück	5	
Material für den Hocker			
4 mm dickes Sperrholz			
Seitenteil	2 Stück	50	30
Vorderteil	1 Stück	42	30
Rückteil	1 Stück	42	30
Sitzfläche	1 Stück	50	50
Material für den Beistelltisch			
4 mm dickes Sperrholz			
Tischplatte *schrägen Sie die Ecken etwas ab*	1 Stück	70	70
Gestellteil	2 Stück	45	40
Ablageboden	1 Stück	35	43
3 x 3 mm Modellbauleiste			
Behelfshölzchen	2 Stück	40	
Material für die Spiegelkonsole			
4 mm dickes Sperrholz			
Rückwand *runden Sie eine Schmalseite ab*	1 Stück	150	70
Seitenteil *Vorlage auf Seite 63*	2 Stück		
Ablageplatte	1 Stück	70	20
Fachboden	1 Stück	62	20
Boden *an einer Längsseite eine leichte Rundung herausschneiden*	1 Stück	62	20
5 mm Rundholz			
Seitenverzierung	2 Stück	150	
Fuß kleine Ablage	2 Stück	10	
15 mm Rundholz			
kleine Ablage *halbiert*	1 Stück	4	
3 x 3 mm Modellbauleiste			
Fachbodenhölzchen	2 Stück	15	
ovaler Taschenspiegel	1 Stück	ca. 70	

Schreibtisch

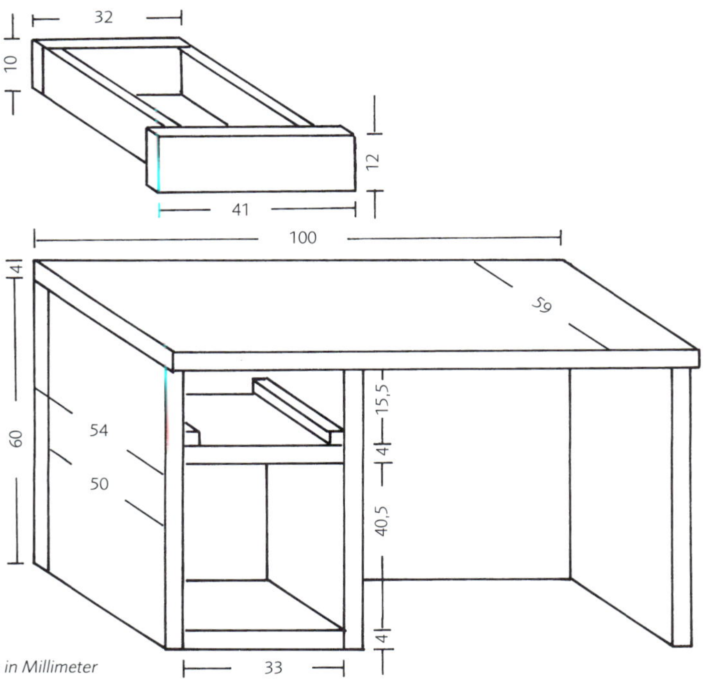

Alle Maßangaben in Millimeter

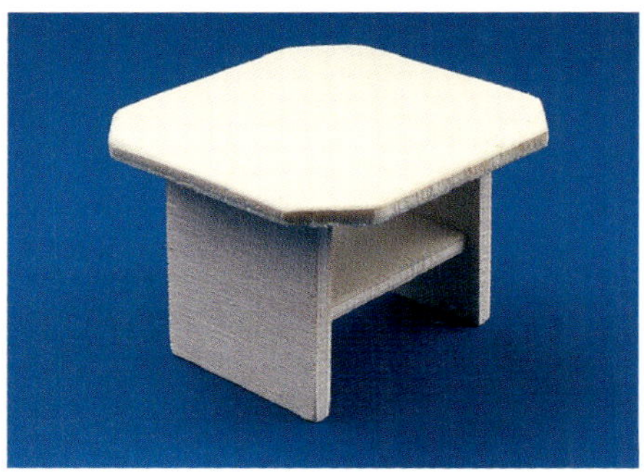

Der Hocker

Leimen Sie die Seitenteile auf die Sitzfläche. Setzen Sie Vorder- und Rückteil zu den Kanten bündig ein. Nachdem der Holzleim angezogen hat, runden Sie die Ecken mit Schleifpapier etwas ab.

Hocker

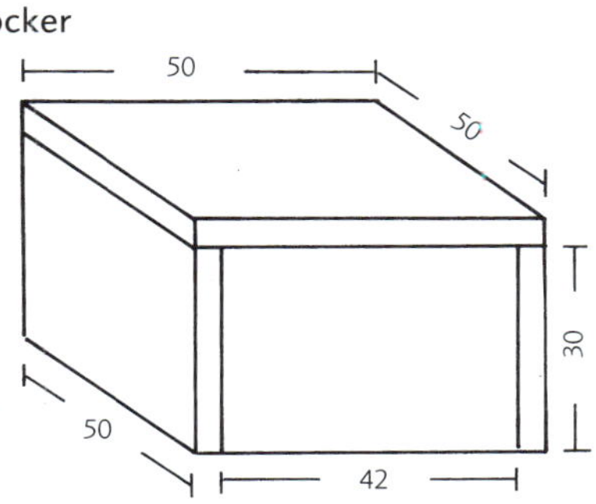

Alle Maßangaben in Millimeter

Der Beistelltisch

Messen Sie ab der Unterkante der Gestellteile 13 mm nach oben. Leimen Sie die Behelfshölzchen unterhalb der Markierung mittig auf. Befestigen Sie dann den Ablageboden und die Tischplatte.

Beistelltisch

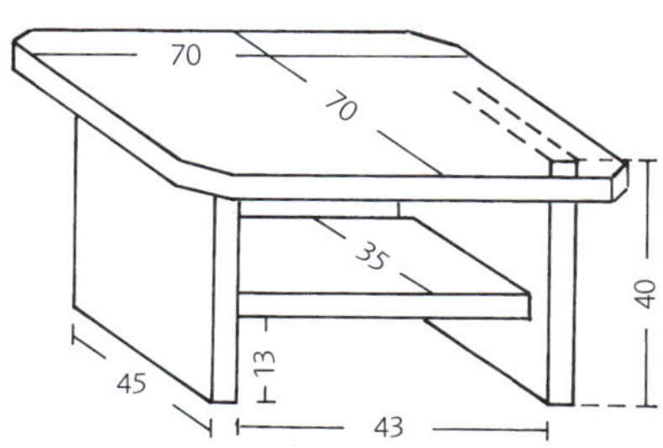

Alle Maßangaben in Millimeter

Die Spiegelkonsole

Messen Sie auf der Innenseite beider Seitenteilen von der Oberkante aus 14 mm ab. Markieren Sie die Fachbodenposition und leimen Sie die Fachbodenhölzchen unterhalb der Markierung auf. Leimen Sie die Seitenteile mit dem Fachboden und dem Boden auf die Rückwand auf. Platzieren Sie dann die Ablageplatte. Kleben Sie den Spiegel auf und bestimmen Sie beliebig die Position der kleinen Ablagen; leimen Sie sie auf. Befestigen Sie mit Leim die 5 mm Rundhölzer seitlich an der Rückwand.

Spiegelkonsole

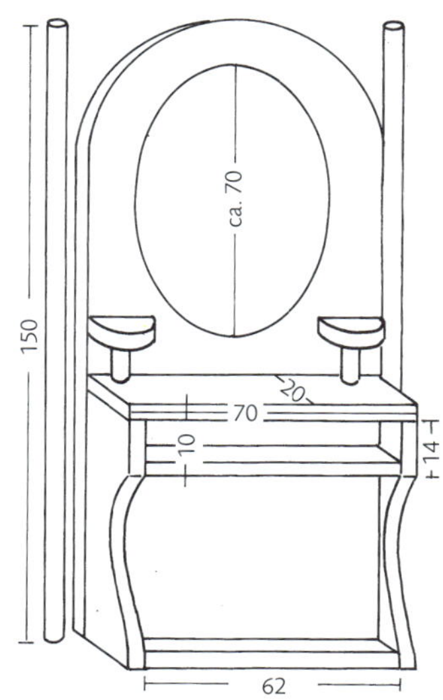

Alle Maßangaben in Millimeter

Kissen & Co.

In jeden Haushalt gehören Bettwäsche, Handtücher, Kissen usw. Das gilt natürlich auch für ein Puppenhaus. Das Nähen und Basteln der kleinen Heimtextilien geht mit etwas Fingerspitzengefühl schnell voran.

Materialliste für die Textilien

Bezeichnung	Anzahl	Länge in mm	Breite in mm
Material für die Vorhänge			
leichter Baumwollstoff			
Kurzschal		150	65
Langschal		210	65
Material für die Stores			
Spitzenborten unterschiedlicher Breite; eineinhalb- bis zweifache Fensterbreite			
Material für die Mitteltischdecken			
leichter Baumwollstoff			
Wohnzimmer- und Esstischdecke		80	80
Achteckiger und ovaler Tisch		65	65
Material für die Hocker und Bankauflagen			
leichter Baumwollstoff			
Obermaterial	2 × Sitzflächengröße		
Volumenvlies			
Füllung	1 × Sitzflächengröße minus 2 mm		
Material für die Polsterauflagen			
leichter Baumwollstoff			
Sofasitzfläche	1 Stück	155	135
Sofarückenlehne	1 Stück	155	125
Sesselsitzfläche	1 Stück	80	135
Sesselrückenlehne	1 Stück	80	125
Volumenvlies			
Zuschnitt wie beim Baumwollstoff			
Material für die Zierkissen			
leichter Baumwollstoff oder Seide			
Kissenhülle *pro Kissen*	1 Stück	65	80
Hochbausch- bzw. Füllwatte			

Fortsetzung der Tabelle siehe S. 52

Vorhänge und Stores

Säumen Sie für die Vorhänge nach dem Zuschnitt die Seitenkanten 5 mm breit ein. Schlagen Sie dann die Oberkante 15 mm breit auf links um. Steppen Sie für den Tunnel eine Doppelnaht: knapp entlang der Schnittkante und in einem Abstand von ca. 6 mm. Stecken Sie die Vorhangstange durch den Tunnel. Befestigen Sie den Vorhang probeweise und stecken Sie die Länge ab. Säumen Sie dann den Vorhang entsprechend ein.

Ideal für die Stores sind durchbrochene Spitzenborten mit zwei Langettenkanten. Diese brauchen Sie nur auf die passende Breite schneiden und die Vorhangstange in gleichmäßigen Abständen von vorne nach hinten und wieder nach vorne hindurchstecken. Baumwollspitzen mit einer unversäuberten Kante müssen Sie wie den Vorhang einsäumen.

Mitteltischdecken

Arbeiten Sie rundum einen 5 mm breiten Saum. Beginnen Sie den ersten Stich ca. 6 mm hinter der Kante und nähen Sie zuerst rückwärts zur Kante. Halten Sie dabei Ober- und Unterfaden fest, um den Transport zu unterstützen. Steppen Sie dann jede Seite von einer Kante bis zur nächsten durch.

Hocker- und Bankauflagen

Legen Sie die Stoffteile links auf links zusammen und legen Sie das Volumenvlies dazwischen. Stellen Sie Ihre Maschine auf einen leicht offenen, 3 mm breiten Zickzackstich ein. Versäubern Sie in einem Durchgang die Schnittkanten aller drei Lagen. Arbeiten Sie dann mit einem engen Zickstackstich rundum eine sehr gleichmäßige Satinstichnaht.

Polsterauflagen

Legen Sie die Volumenvliesteile auf die linke Seite der Stoffteile gleicher Größe. Steppen Sie die Teile rundum in halber Nähfußbreite zusammen. Legen Sie dann die schmalen Kanten der Sesselteile mit der Vliesseite nach außen aufeinander. Bei den Sofateilen legen Sie die langen Kanten aufeinander. Steppen Sie mit 10 mm Kantenabstand die offenen Kanten zusammen; lassen Sie dabei an einer Längskante eine Öffnung. Schrägen Sie die Ecken knapp über der Naht ab und schneiden Sie die Volumenvlieskanten etwas zurück. Wenden Sie die Teile und schließen Sie die Öffnungen von Hand.

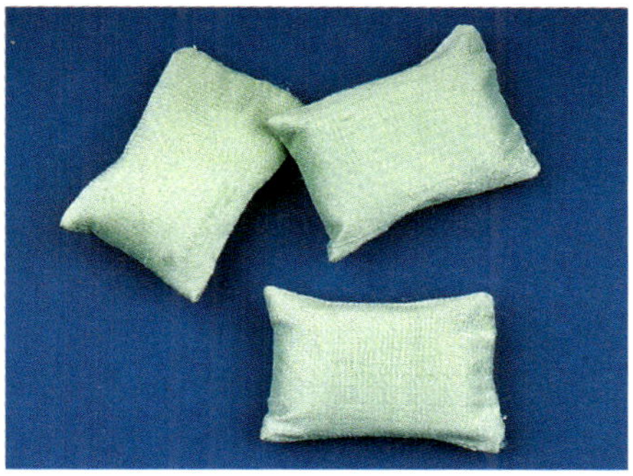

Zierkissen

Legen Sie die schmalen Kanten rechts auf rechts bündig aufeinander. Steppen Sie die offenen Kanten mit 10 mm Kantenabstand zusammen; lassen Sie dabei an der Längskante eine Öffnung. Schrägen Sie die Ecken knapp über der Naht ab und schneiden Sie die Nahtzugaben auf 5 mm zurück. Wenden Sie die Kissenhülle auf rechts, stopfen Sie sie mit Watte aus und schließen Sie die Öffnung mit gleichmäßigen Handstichen.

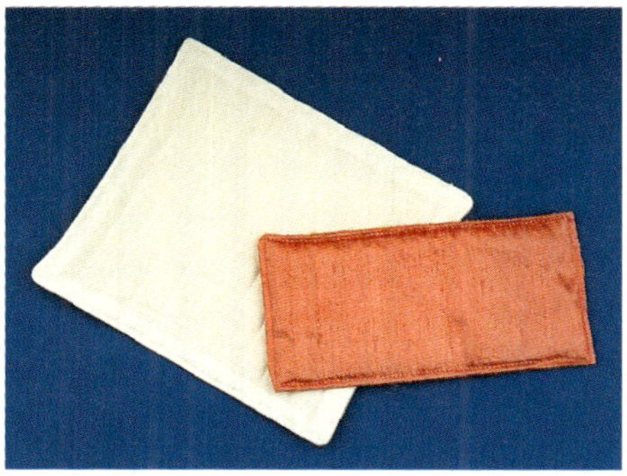

Steppbettunterlagen

Legen Sie pro Unterlage die Stoffteile rechts auf rechts aufeinander und legen Sie das Volumenvlies oben auf. Steppen

Sie rundum die Stofflagen mit 10 mm Kantenabstand zusammen; lassen Sie dabei an einer Seite eine Öffnung. Schrägen Sie die Ecken knapp über der Naht ab und schneiden Sie außerdem die Volumenvlieskanten gleichmäßig auf 3 mm zurück. Wenden Sie das Teil und schließen Sie die Öffnung mit feinen Handstichen. Danach steppen Sie die Unterlage rundum knappkantig ab. Sie können zusätzlich auch ein Karomuster über die ganze Fläche steppen oder ein Knopfmuster einarbeiten.

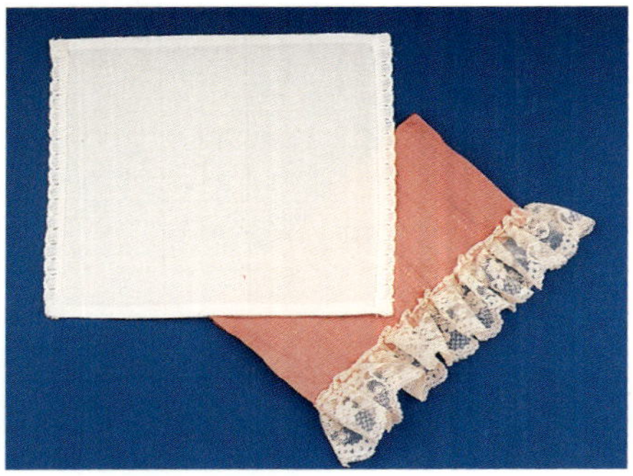

Betttücher

Säumen Sie den Stoff für das große Betttuch an beiden Längskanten, den für das kleine Betttuch an einer Längskante 5 mm breit auf rechts ein. Die andere Längsseite beim kleinen Betttuch wird doppelt auf links eingesäumt. Legen Sie die Spitzen über die Saumeinschläge und steppen Sie sie jeweils mit einer doppelten Naht auf. Die übrigen Kanten werden mit einem doppelten, 5 mm breiten Saum gleichmäßig versäubert.

Tipp

Das Betttuch für das Einzelbett ist nur auf einer Seite mit Spitze versehen. Wenn Sie das Bett mitten in den Raum und nicht an eine Wand stellen wollen, sollten Sie auf beiden Seiten Spitze anbringen.

Fortsetzung der Tabelle von Seite 50

Bezeichnung	Anzahl	Länge in mm	Breite in mm
Material für die Steppbettunterlagen			
leichter Baumwollstoff			
Doppelbett	2 Stück	190	170
Einzelbett	2 Stück	180	95
hochbauschiges Volumenvlies oder Flauschstoff			
Doppelbett	1 Stück	190	170
Einzelbett	1 Stück	180	95
Material für die Betttücher			
leichter Baumwollstoff			
Doppelbett	1 Stück	190	200
Einzelbett	1 Stück	180	110
ca. 8 mm breite Spitzenborte			
Doppelbett	1 Stück	400	
ca. 45 mm breite Spitze			
Einzelbett	1 Stück	200	
Material für die Bettdecken und Kopfkissen			
Baumwollstoff			
Kopfkissen	1 Stück	85	150
Bettdecke	1 Stück	120	320
8 mm breite Spitzenborte, 160 mm lang, passend zum Betttuch, Füllwatte			
Material für die Tagesdecke			
Baumwollstoff			
Tagesdecke	1 Stück	210	180
8 mm breite Spitzenborte, 190 mm lang, passend zum Betttuch			
Material für den Spitzenbaldachin			
Spitzenborte oder Spitzenstoff			
Baldachin	1 Stück	480	180
schmales Satinband			
Material für Juteteppiche			
Jute, Sackleinen oder Rupfen			
Teppich	1 Stück	200	160
Vorleger	1 Stück	100	60
Material für Bett- und Badezimmervorleger			
Flauschstoff (zum Beispiel Fleece, Filz oder Kurzhaarplüsch)			
Bettvorleger	1 Stück	ca. 120	60
Badezimmervorleger *Halbkreis 30 mm Radius*	1 Stück		
Material für die Servietten			
leichter Baumwollstoff			
Material für die Hand und Geschirrtücher			
Nickistoff oder Filz			

Bettdecken und Kopfkissen

Legen Sie bei beiden Zuschnittteilen die schmalen Kanten rechts auf rechts bündig aufeinander. Steppen Sie entlang der offenen Seiten mit einem Kantenabstand von 10 mm; lassen Sie an einer Seite eine Öffnung zum Wenden. Schrägen Sie die Ecken knapp über der Naht ab und schneiden Sie die Nahtzugaben auf 5 mm zurück. Wenden Sie die Teile auf rechts. Stopfen Sie sie nicht zu fest mit der Watte aus und schließen Sie die Öffnungen mit der Hand. Nähen Sie beim Kopfkissen entlang der Seitennähte die Spitze knappkantig auf.

Tagesdecke für das Doppelbett

Falten Sie eine Schmalseite zuerst 10 mm, dann noch einmal 60 mm auf links ein. Steppen Sie den 10 mm Einschlag knappkantig fest. Entlang dem zweiten Einschlag nähen Sie auf links die Spitze knappkantig auf. Falten Sie dann die Spitzenkante 30 mm breit auf die rechte Stoffseite und stecken Sie sie fest. Säumen Sie alle Seitenkanten doppelt ein. Entfernen Sie danach die Stecknadeln.

Spitzenbaldachin für das Himmelbett

Legen Sie die Schmalseiten der Spitze bündig aufeinander. Steppen Sie entlang der Bruchkante in halber Nähfußbreite ab. Legen Sie die Stange zwischen die beiden Stofflagen an die Naht und ermitteln Sie die nötige Tunnelbreite. Entfernen Sie die Stange und arbeiten Sie die Tunnelnaht. Stecken Sie die Stange hinein und fixieren Sie den Stoff an den Enden, indem Sie kleine Schleifen aus Satinband aufkleben.

Juteteppich und Jutevorleger

Ziehen Sie das Sackleinen in Form. Schneiden Sie dann das Gewebe exakt im Fadenlauf zu. Achten Sie darauf, dass der Stoff nicht ausfranst. Umnähen Sie die Schnittkanten zuerst mit einem offenen, sehr breiten Zickzackstich. Umnähen Sie danach die Kanten zweimal in einem engeren Zickzackstich. Arbeiten Sie zuletzt rundum eine Satinstichnaht.

Tipp

Wählen Sie Stoffe, die nicht so leicht ausfransen. Am besten eignen sich leichte Baumwollstoffe. Wenn Sie gemusterte Stoffe verwenden wollen, wählen Sie am besten kleine Stoffdessins.

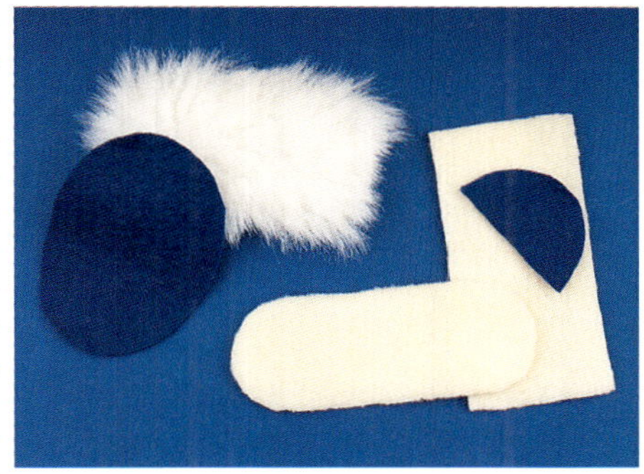

Bett- und Badezimmervorleger

Das Basteln der Bett- und Badezimmervorleger ist sehr einfach. Bei allen in der Materialliste genannten Textilien fransen die Schnittkanten nicht aus. Sie müssen die Stoffzuschnitte nach dem Zurechtschneiden nur kräftig ausschütteln, um die Flusen zu entfernen. Versäubern ist nicht notwendig. Kurzhaarplüsch sollte von der Gewebeseite aus zugeschnitten werden, er fusselt dann nicht so.

Handtücher, Geschirrtücher und Servietten

Schneiden Sie Hand- und Geschirrtücher aus Nickistoff oder Filz zu. Ein Geschirrtuch ist 60 × 50 mm groß, ein Handtuch etwa 80 × 40 mm und ein Badetuch 120 × 60 mm. Die Stoffkanten müssen nicht versäubert werden. Sie können die Badetücher aber mit einer gleichmäßigen Satinstichkante versehen.
Für eine Serviette schneiden Sie kleine Stoffquadrate mit einer Kantenlänge von 30 mm zu und fransen diese vorsichtig an den Seiten etwas aus.

Die kleinen Dinge

Beim Ausstatten des Puppenhauses mit Hausrat wie Geschirr, Kochutensilien oder Ziergegenständen kann man seiner Phantasie freien Lauf lassen. Mit Materialien wie Moosgummiplatten oder Modelliermasse kann man die schönsten Dinge zaubern.

Schreibwaren: Ein Bogen Briefpapier ist 25 × 18 mm groß. Ein Kuvert wird aus einem 27 × 19 mm großen Stück Papier gefaltet. Schrägen Sie die Ecken an der Verschlusskante etwas ab. Der 15 mm lange Stift ist ein zugeschnitztes Zahnstocherstück. Für die 50 × 35 mm große Schreibunterlage schneidet man eine dünne Moosgummiplatte mit der Schere zu.

Milchkännchen, Zuckerdose und Väschen: Das 8 mm hohe Milchkännchen, die 6 mm hohe Zuckerdose mit 3 mm hohem Deckel und das 13 mm hohe Väschen werden wie die Tassen über ein 5 mm dickes Rundholz modelliert. Formen Sie den Deckel und die Henkel frei Hand.

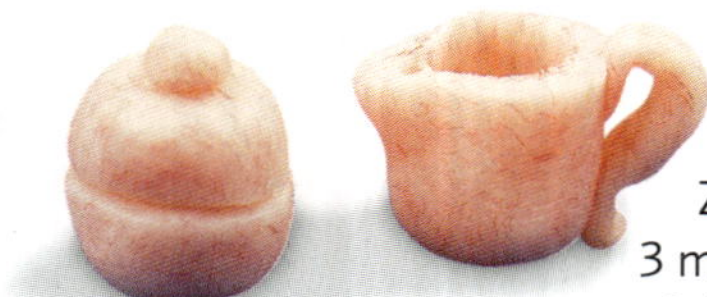

Bücher: Bücher fertigt man aus Moosgummi. Schneiden Sie von einem 22 mm breiten Streifen 17 mm lange Stücke ab. Malen Sie für die Buchseiten drei Schnittkanten mit weißem Acryllack an.

Schneidebretter: Fertigen Sie die Schneidebretter aus Moosgummi. Schneiden sie dazu das Material mit einer Schere auf 19 × 12 mm zu.

Tassen: Eine 7 mm hohe Tasse modelliert man am besten über ein 5 mm dickes Rundholz. Formen Sie dazu eine kleine Kugel und drücken Sie diese auf den Anschnitt des Holzstabes. Modellieren Sie dann das Gefäß. Die 15 mm große Untertasse fertigen Sie aus einer kleinen Kugel, die Sie vorsichtig flach drücken.

Kanne und Milchkanne: Die 20 mm hohen Gefäße werden zuerst über ein 5 mm dickes Rundholz modelliert. Nehmen Sie die halbfertigen Teile ab und formen Sie sie dann über ein 10 mm dickes Rundholz. Drücken Sie zum Schluss den oberen Rand etwas zusammen und versehen Sie die Gefäße mit Henkeln.

Butterdose: Rollen Sie für den Boden der Butterdose die Modelliermasse 2 mm dick aus und schneiden Sie ein 15 × 11 mm großes Rechtecke aus. Modellieren Sie den Deckel frei Hand. Er sollte etwa 5 mm hoch sein.

Teller: Schneiden Sie von einer 22 mm starken Rolle 2 mm dicke Scheiben ab. Wenn Sie dann einen kleineren, runden Gegenstand in die Scheibenmitte drücken, kommt der Rand etwas nach oben.

Erdbeer-Sahne-Torte: Für die Erdbeer-Sahne-Torte legen Sie eine weiße, eine rosa und eine weitere weiße Scheibe aufeinander. Die Scheiben sollten einen Durchmesser von 20 mm und eine Stärke von 2 mm haben. Umhüllen Sie die Scheiben mit einem weißen, 2 mm dicken, 63 mm langen Rechteck. Legen Sie eine weiße, 2 mm dicke Scheibe mit 24 mm Durchmesser darüber und verzieren Sie sie mit kleinen Kügelchen. Bevor Sie das Ganze im Ofen brennen, schneiden Sie noch einige Kuchenstücke heraus.

Kuchenplatte: Der Durchmesser der Kuchenplatte richtet sich nach dem der Torte. Schneiden Sie eine entsprechend große Scheibe aus der 2 mm dick ausgerollten Modelliermasse. Rollen Sie einen langen dünnen Strang und drücken Sie ihn vorsichtig um den Teller.

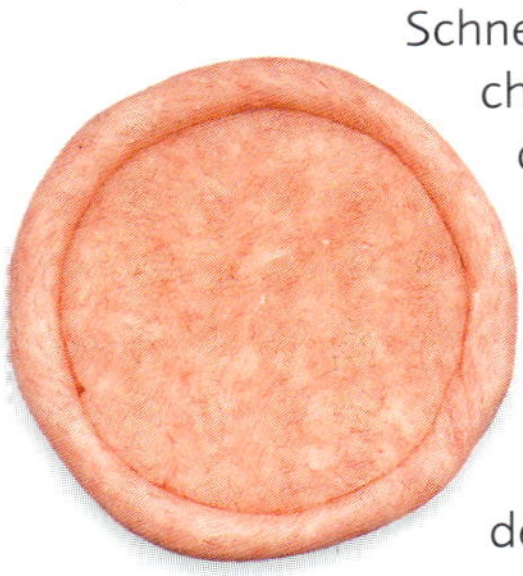

Suppenschüssel und Töpfe: Die Suppenschüssel hat einen Durchmesser von 20 mm, die Höhe kann zwischen 15 und 20 mm variieren. Der Deckel ist 7 mm hoch. Modellieren Sie die Schüssel über ein 15 mm starkes Rundholz und den Deckel frei Hand. Kochtöpfe können Sie genauso fertigen. Begradigen Sie jedoch die Form und gestalten Sie den Deckel niedriger.

Bauplan des Puppenhauses

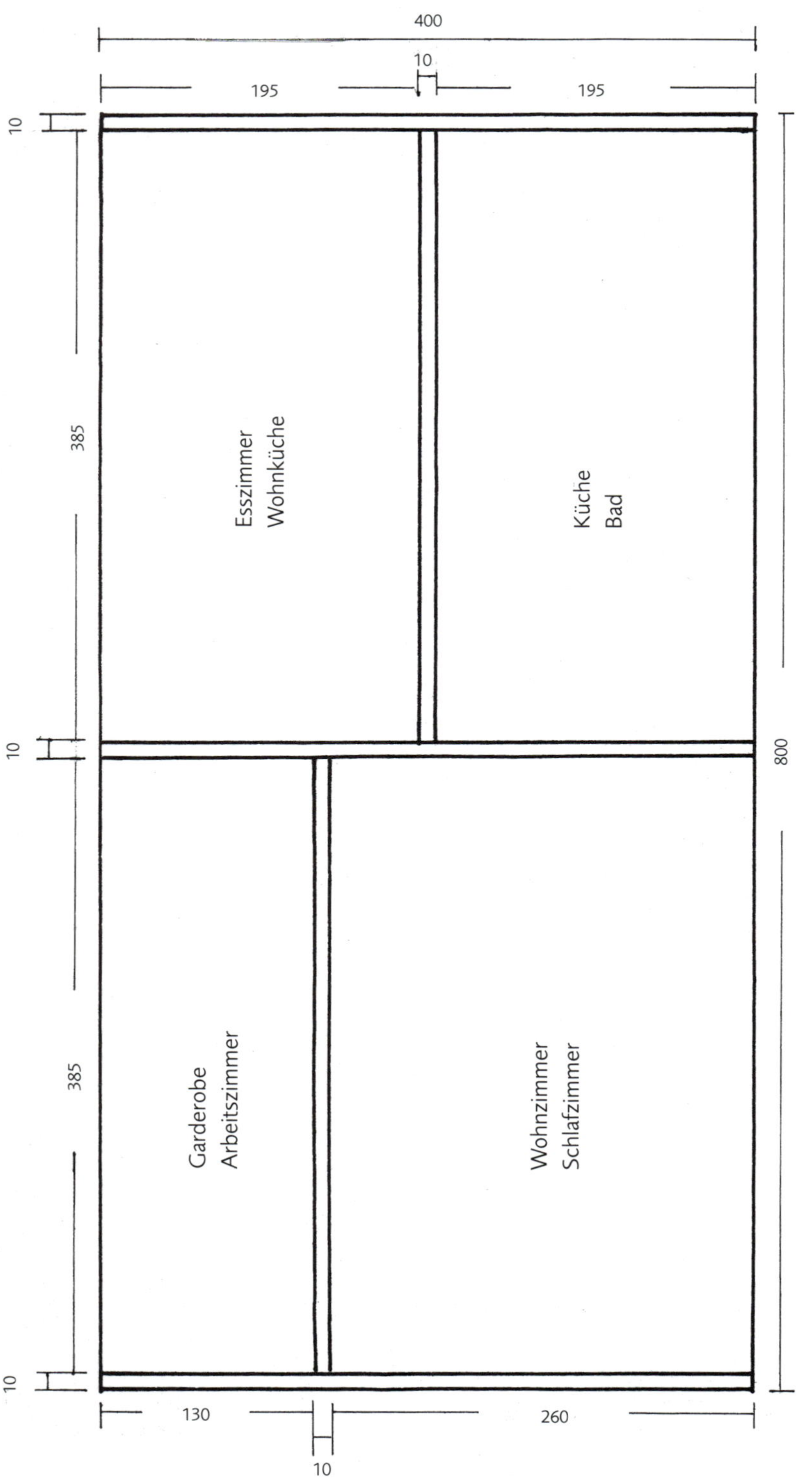

Grundriss Etagenboden

Alle Maßangaben in Millimeter

und Vorlagen in Originalgröße

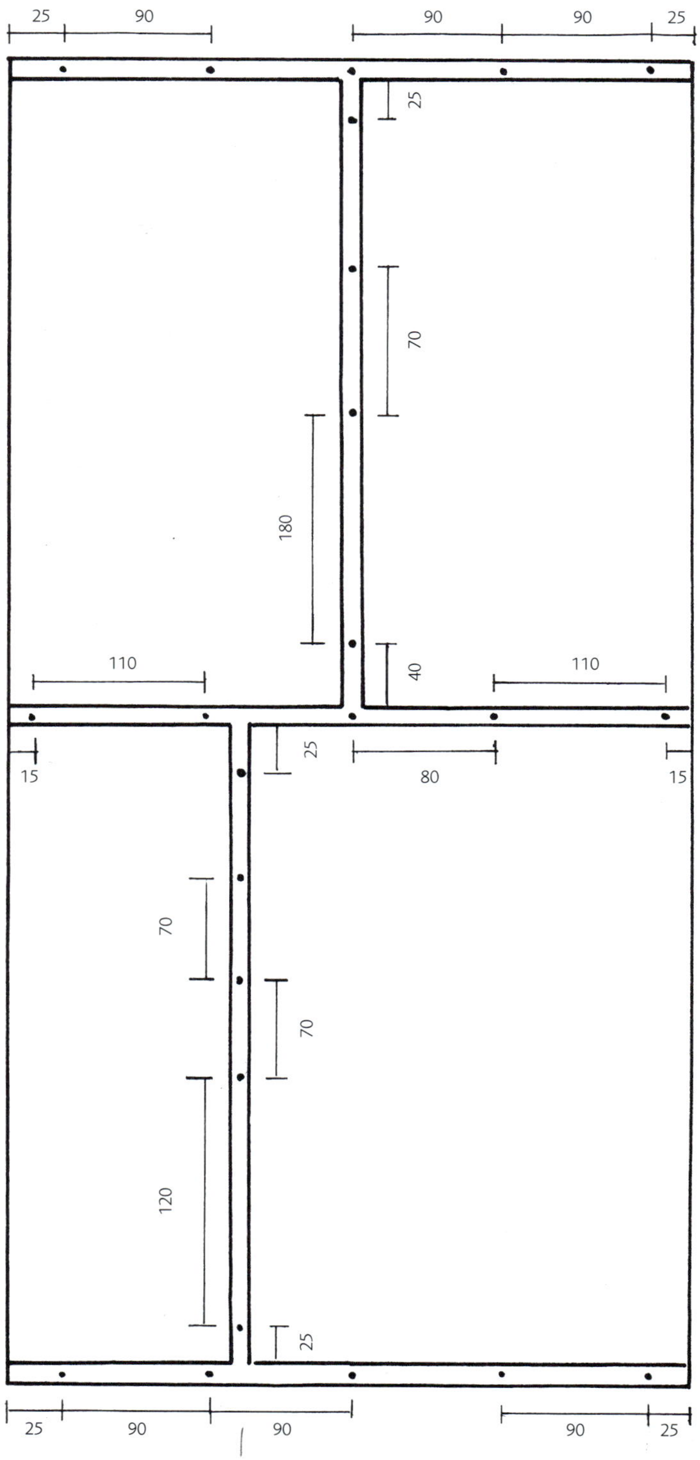

Bemaßung der Bohrlöcher

Alle Maßangaben in Millimeter

Etagenaufbauten Ansicht der Vorderseite

Alle Maßangaben in Millimeter

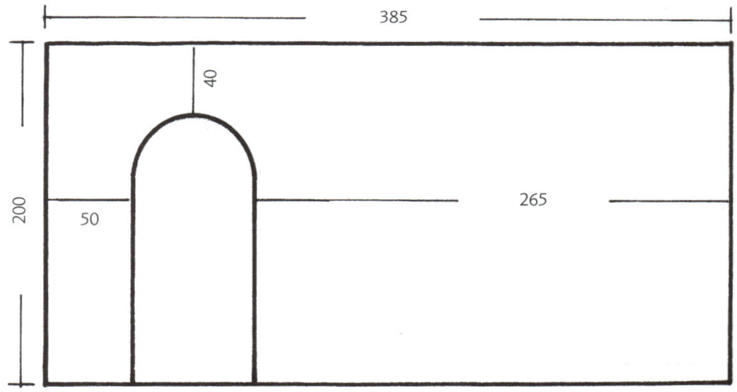

Linke Rückwand

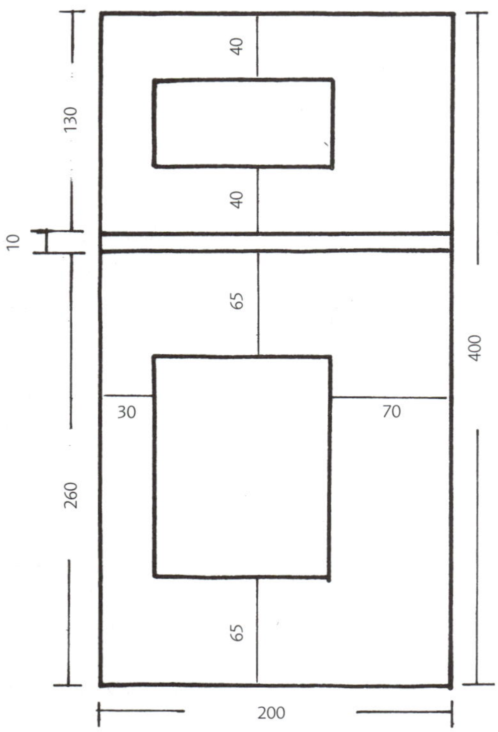

Linke Seitenwand

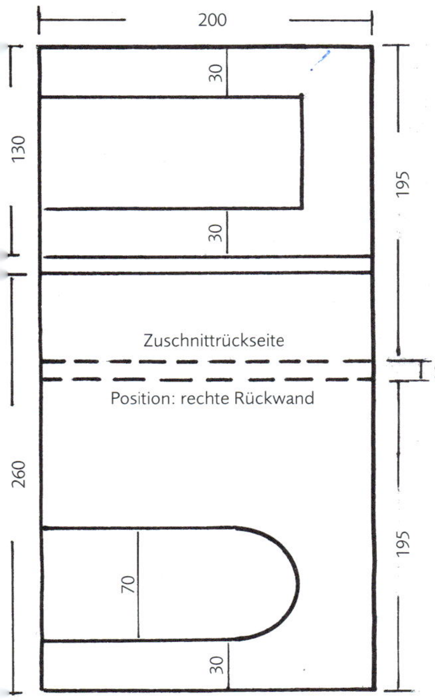

Mittlere Seitenwand

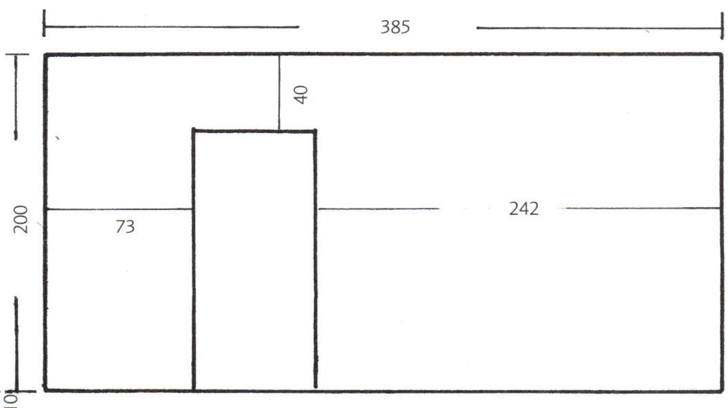

Rechte Rückwand

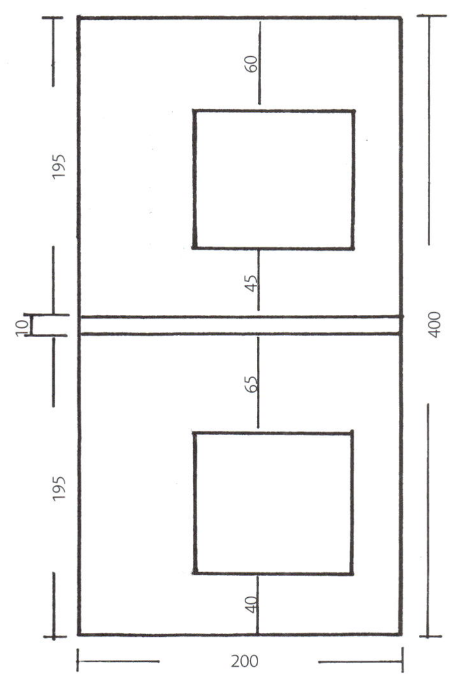

Rechte Seitenwand

Rückwand
Dachgeschoss

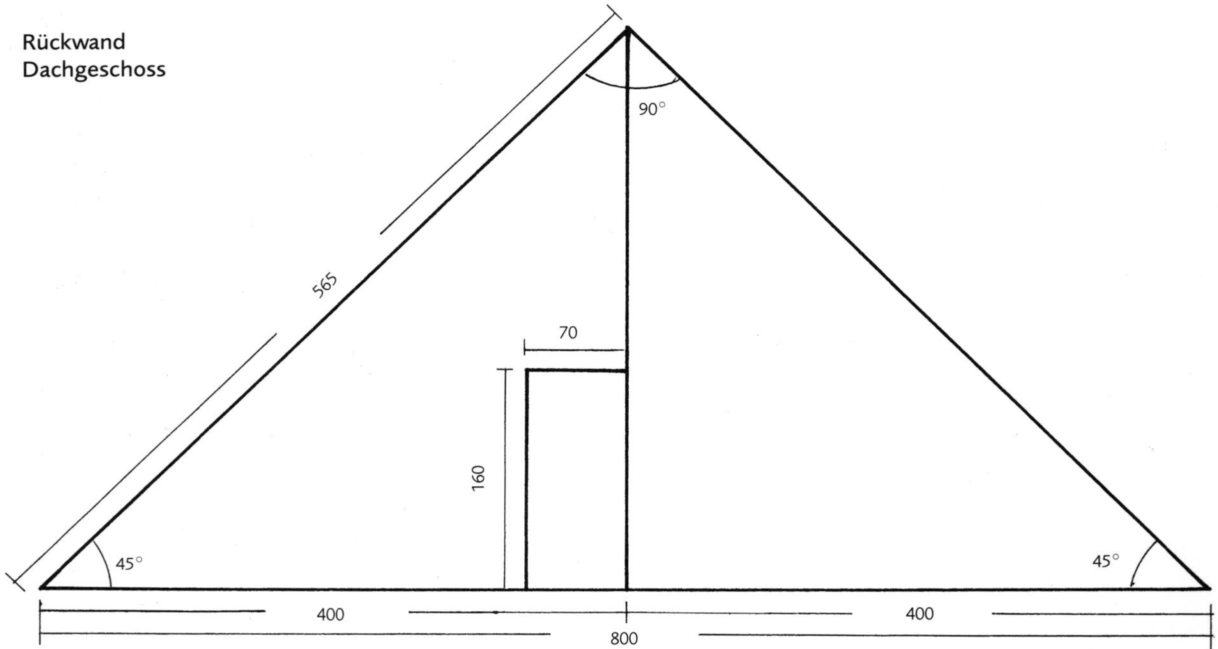

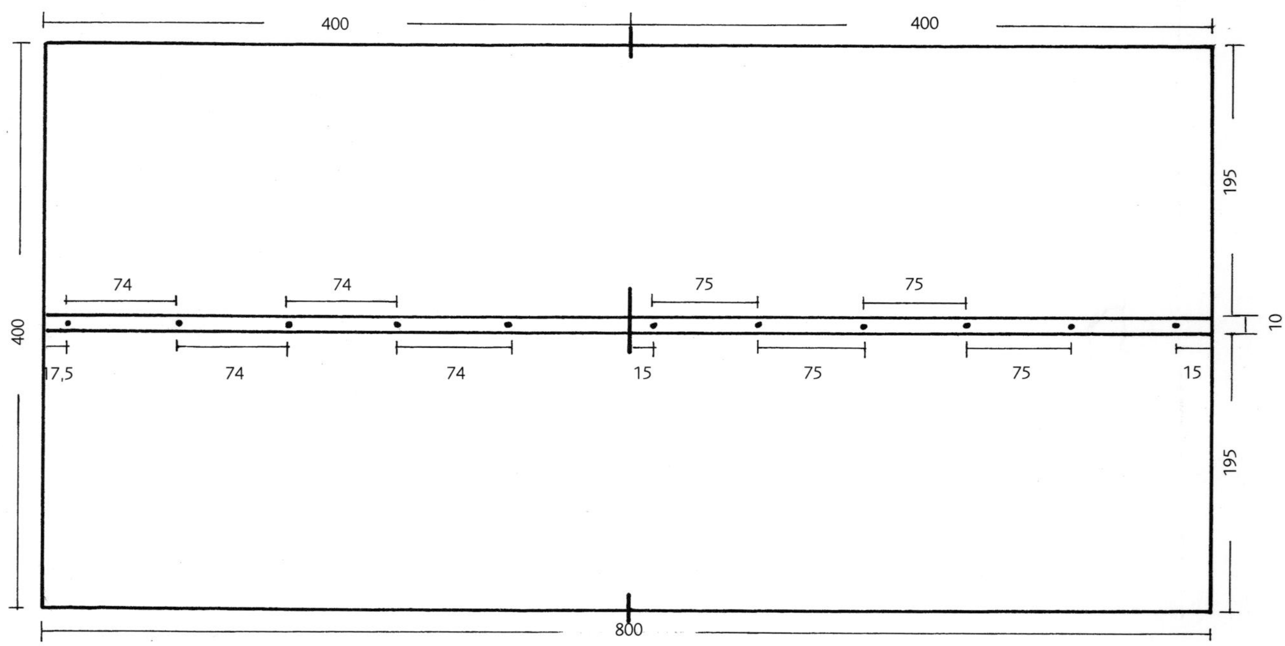

Dachgeschossboden mit Bemaßung der Bohrlöcher

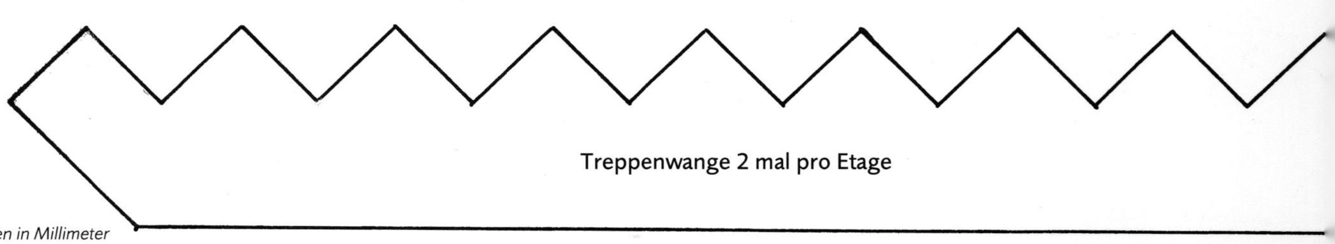

Treppenwange 2 mal pro Etage

Alle Maßangaben in Millimeter

Zwischenwand
Bad

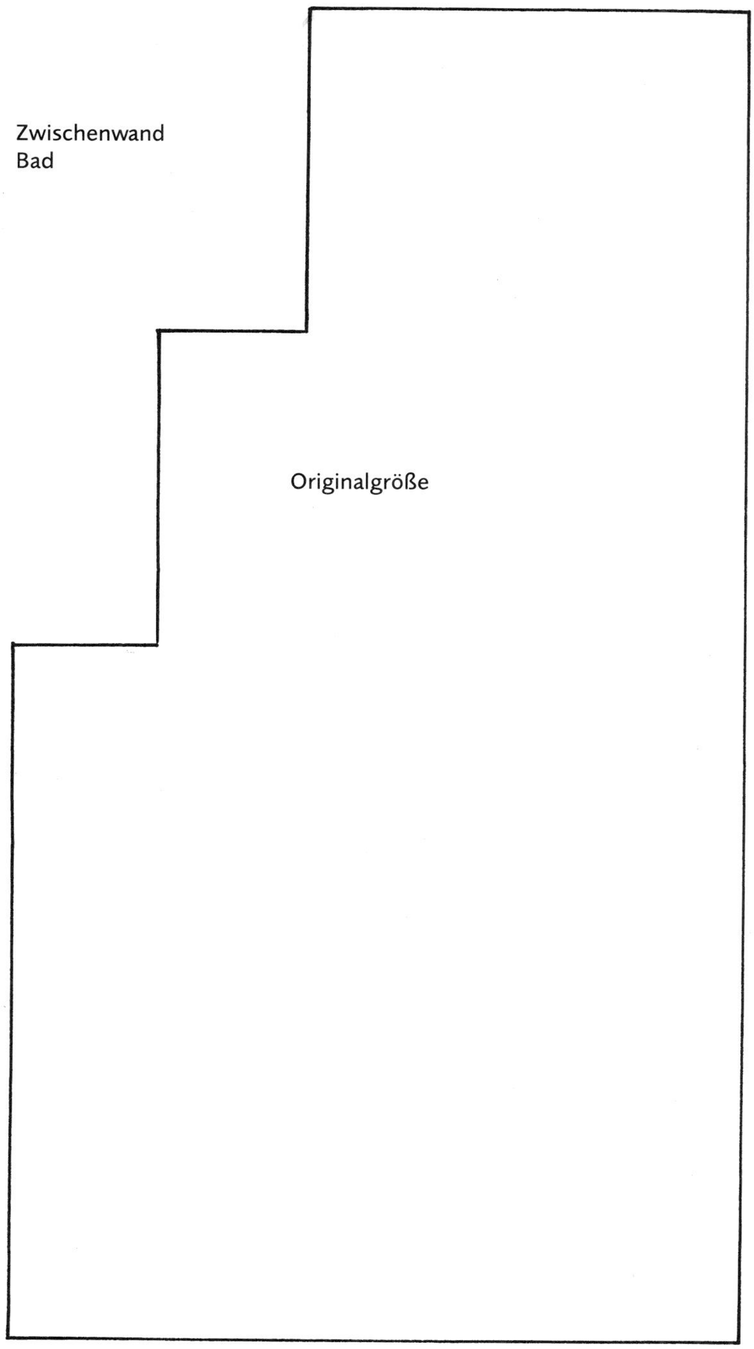

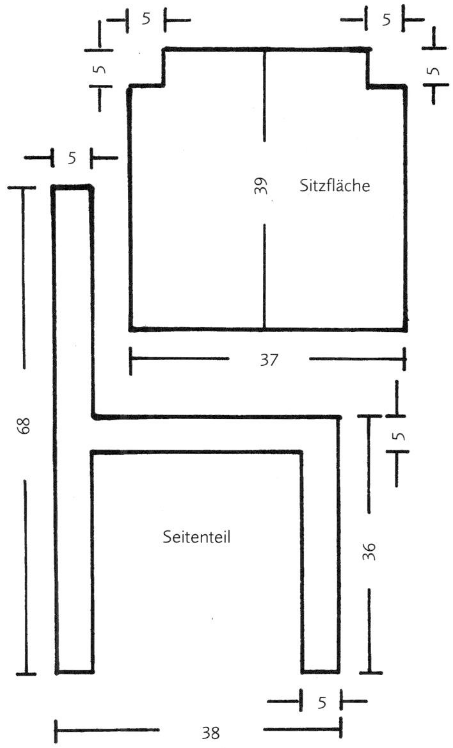

Der Esszimmerstuhl

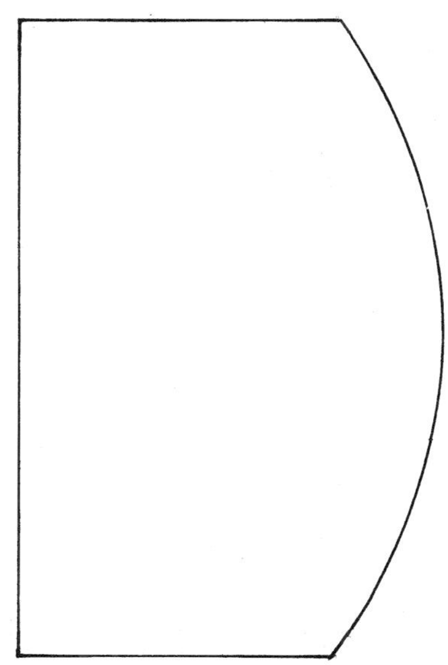

Fachboden Wandregal Wohnzimmer

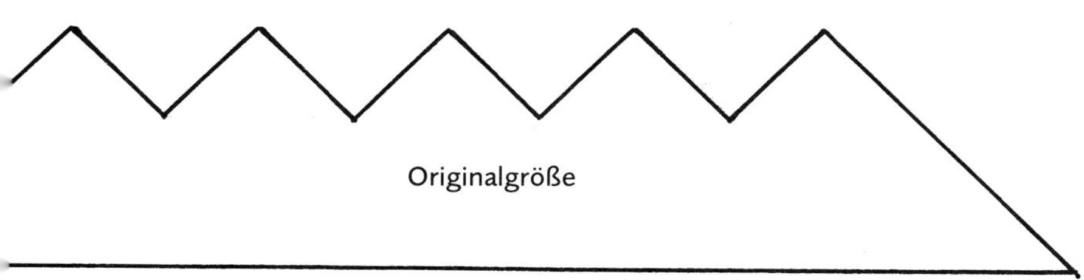

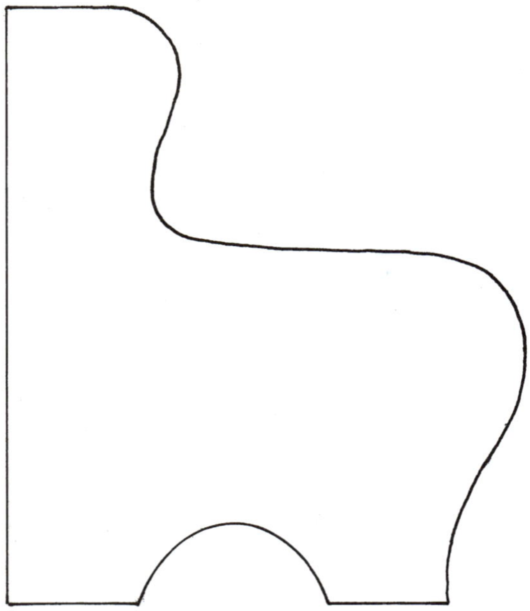

Seitenteil Sessel und Sofa Wohnzimmer

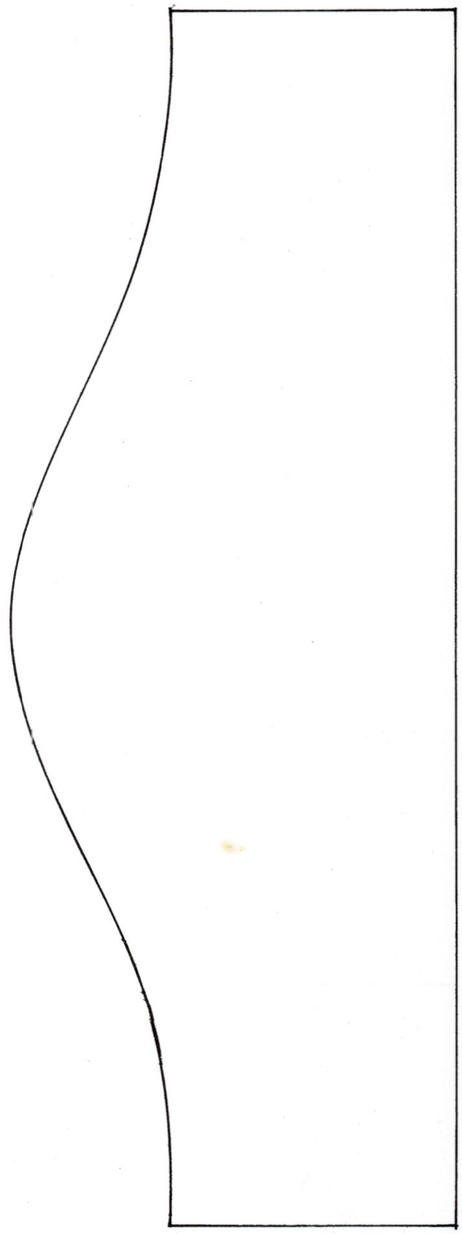

Kopf- und Fußende
Doppelbett Schlafzimmer

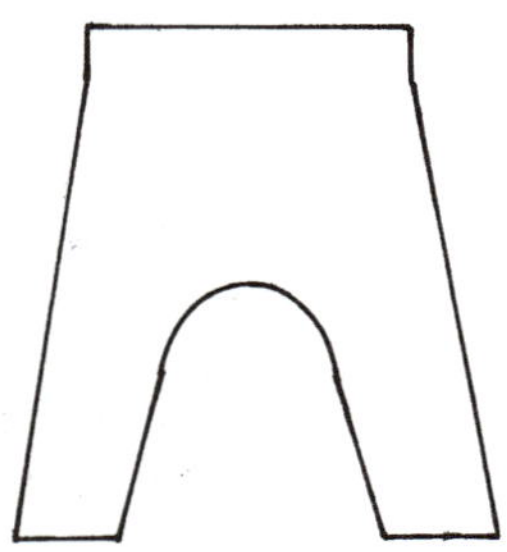

Hocker und
Bankgestell Küche

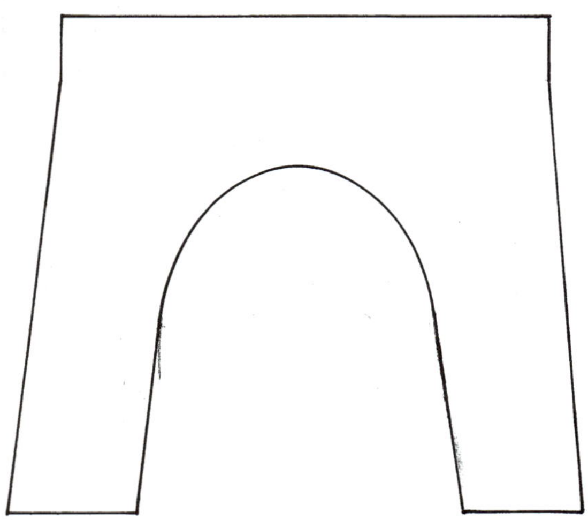

Tischgestell Küche

Alle Maßangaben in Millimeter

Ablage Spiegelaufsatz Bad

Wannenausschnitt Bad

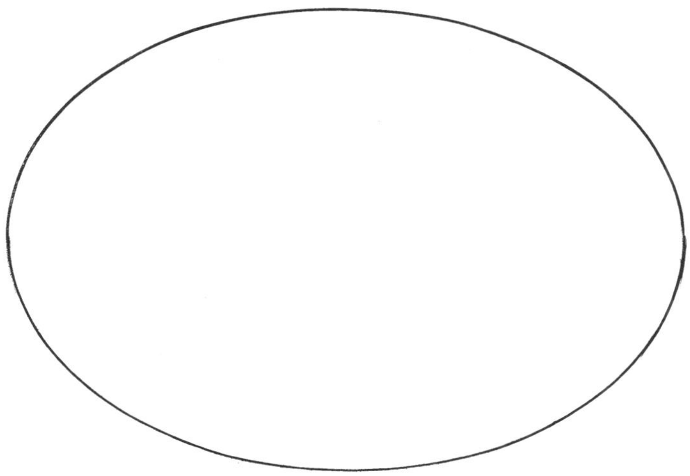

Tischplatte Ovaler Tisch

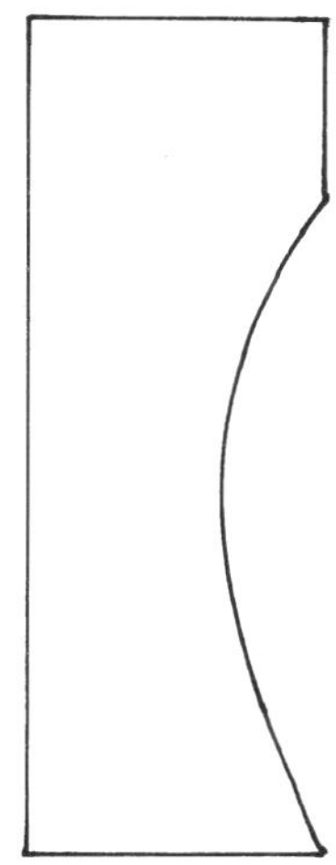

Seitenteil
Spiegelkonsole
Jugendzimmer

Toilettendeckel/Wasserrohr

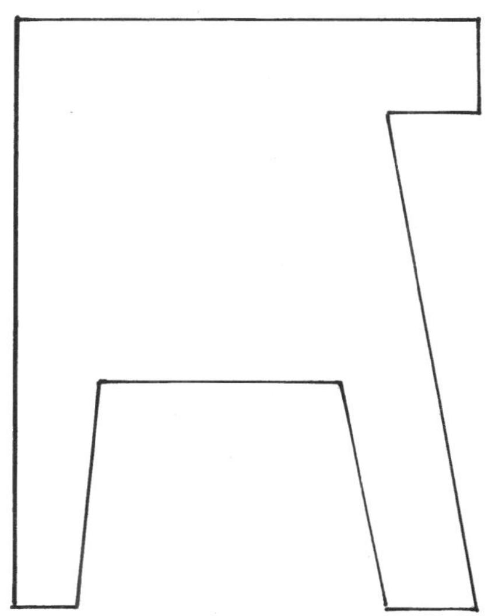

Seitenteil Waschtisch Bad

Register

Über die Autorin:
Bettina Hansen arbeitet als freie Redakteurin, Grafikerin und Autorin für renommierte Buch- und Zeitschriftenverlage. Im Vordergrund ihrer zahlreichen Veröffentlichungen steht das Basteln, Werken, Gestalten mit verschiedenen Materialien. Ihre Bücher richten sich sowohl an Kinder als auch an Erwachsene.

Bildnachweis:
Alle Fotos stammen von Claudia Rehm und Achim Sass, Stockdorf/München.

Impressum

Redaktion: Christopher Hammond

Projektleitung: Sylvia Wohofsky

Redaktionsleitung: Nina Andres

Bildredaktion: Beate Wagner

Layout und Einbandgestaltung:
Manuela Hutschenreiter

DTP/Satz:
Der Buch*macher* Arthur Lenner, München

Produktion: Manfred Metzger

Druck und Bindung: Westermann Druck Zwickau GmbH, Zwickau

Gedruckt auf chlor- und säurearmem Papier

ISBN 3-517-07837-9